Marlies Ratering

Spielend Spielen lernen

Zu zweit die Welt des Spielens entdecken, Erfahrungen sammeln und füreinander Zeit haben

Marlies Ratering

Spielend Spielen lernen

Zu zweit die Welt des Spielens entdecken,
Erfahrungen sammeln und füreinander
Zeit haben

Unser Buchprogramm im Internet: www.verlag-modernes-lernen.de

Externe Links

Der Verlag weist ausdrücklich darauf hin, dass eventuell im Text enthaltene externe Links vom Verlag nur bis zum Zeitpunkt der Buchveröffentlichung eingesehen werden konnten. Auf spätere Veränderungen hat der Verlag keinerlei Einfluss. Eine Haftung des Verlages ist daher ausgeschlossen

Folgen Sie uns auf  

Gesamtherstellung in Deutschland: Löer Druck GmbH, Dortmund

Bestell-Nr. 1340 ISBN 978-3-8080-0927-7

Titelfoto: © Alinsa – stock.adobe.com

Inhalt

Vorwort

Zu zweit die Welt des Spielens entdecken, Erfahrungen sammeln und füreinander Zeit haben:

Dieses Buch ist eine Einladung an die Lesenden, mich auf eine Reise in die Welt des Spielens zu begleiten. Es geht darum zu erfahren, wie wertvoll das Zusammenspiel einer erwachsenen Person mit einem Kind vom ersten Lebensjahr bis zum Schulalter ist und wie es gestaltet werden kann.

Angesprochen werden Eltern, Großeltern und andere Menschen im Umfeld des Kindes, die für seine Entwicklung von Bedeutung sind. Ebenfalls angesprochen werden Fachkräfte in pädagogischen Einrichtungen, Frühförderstellen, in der sozialpädagogischen Familienhilfe und der Tagespflege für kleine Kinder sowie Studierende und Auszubildende in diesen Berufsfeldern. Kurzum – alle pädagogisch interessierten Menschen, die in Beziehung zu einem Kind stehen, es in seiner Entwicklung begleiten, unterstützen und es einfach gernhaben.

Über anschaulich erzählte Spielerlebnisse aus der pädagogischen Frühförderung wird in diesem Buch ein tiefer Einblick in die Relevanz von Spielverständnis und Spielplanung gegeben. Worauf kommt es im spielerischen Kontakt mit dem Kind an? Wie kann eine achtsame, vertrauensvolle Beziehung aufgebaut werden? Welche Bedeutung hat das gemeinsame Spiel für eine positive Entwicklung der kindlichen Identität und seiner Fähigkeiten?

Leser und Leserinnen können von meiner langjährigen beruflichen Erfahrung als Sozialpädagogin in der frühkindlichen Förderung profitieren. Eigene Kindheitserfahrungen und die Beobachtungen als Mutter zweier Kinder fließen in dieses Buch ein.

Wenn wir lernen zu spielen, eröffnen wir Wirkungsräume, neue Perspektiven und Kreativität, die für Kinder die Voraussetzung für einen selbstsicheren Start ins Leben bilden – und die nicht zuletzt für uns selbst bereichernd sein können.

Spielfreude und Selbstwert

Ein Kind achtsam und respektvoll, mit Zuwendung und Geduld in seiner Entwicklung bedürfnisorientiert zu begleiten, entspricht unserer heutigen pädagogischen Haltung, die Erziehung als Beziehung sieht. In seinen ersten Lebensjahren baut das Kind seine Persönlichkeit und seinen Selbstwert auf. Besonders in einer Zeit mit gesellschaftlichen und strukturellen Umwälzungen, mit Familienbrüchen und der allgegenwärtigen Präsenz sozialer Medien und des Mobiltelefons sind stabile und vertrauensvolle Kontakte zu Bezugspersonen für jedes Kind äußert wertvoll. Ein Kind braucht Erwachsene, die es unterstützen und ermuntern, es beachten und Anteil an seinem Leben nehmen und ihm ein gesundes Miteinander vorleben.
Begleiten heißt, einem Kind Erfahrungen zu ermöglichen, Kenntnisse zu erwerben und durch Anleitungen seine Handlungsvielfalt zu erweitern. Kritik, Abwertung und Beschimpfung ist keine Begleitung. Im Gegenteil, durch Entmutigung wird das Selbstwertgefühl angegriffen (vgl. Friedrich 2013, S. 87).

Fühlt ein Kind sich in Beziehungen wohl, erlebt es Zugehörigkeit und Feinfühligkeit, so wird dies sein Leben unbewusst prägen. Der familiäre Zusammenhalt ist dafür ebenso wichtig wie die vielfältigen Eindrücke und das gemeinsame Spielen und Lernen in einer Kindergruppe. Genauso benötigt das Kind Rückzugsmöglichkeiten, in denen es sich mit selbst beschäftigt, Spielabläufe wiederholt und experimentierend neue Erkenntnisse gewinnt. Aber auch die ungeteilte Aufmerksamkeit und Anregung im Zweierkontakt ist für die Entwicklung des Kindes von großer Bedeutung. Und damit sind nicht nur die Eltern gemeint. Ein Kind weitet seine emotionale Bindung auf Personen aus, in deren Gegenwart es sich sicher und geborgen fühlt. Je enger diese Verbundenheit ist, umso leichter und intensiver nimmt das Kind dessen Haltungen und Eigenschaften an (vgl. Renz-Polster / Hüther 2013, S. 30 f.).

Die Bedeutung des gemeinsamen Spieles für Interaktion und soziales Verhalten, für gegenseitige Rücksichtnahme und Selbstvertrauen darf nicht unterschätzt werden. Zusammen Lachen und Spaß haben, Entdecken und Lernen verbindet.
Das Spiel fordert ein Kind auf, die Dinge dieser Welt zu entdecken und mit ihnen zu experimentieren. Immer wieder wird es durch das Spielen ermuntert, eine Tätigkeit zu versuchen, bis sie gelingt. Es werden Kenntnisse erworben und Zusammenhänge begreifbar und verständlich.

Durch das Spielen zu zweit erlebt das Kind Achtsamkeit, Rücksichtnahme und Verständnis. Die erwachsene Person nimmt durch Zuwendung und Beobachtung Fähigkeiten und Kenntnisse des Kindes wahr. Geduldig lässt sie dem Kind Zeit, um Spielinhalte zu erfassen und sich neuen Herausforderungen zu stellen.
Die Bezugsperson lernt, sich zurückzunehmen und abzuwarten, was eigenständig vom Kind kommt. Seine Aktionen werden aufgegriffen, mitunter behutsam Impulse gesetzt und neue Handlungen eingebracht, die wiederum vom Kind nachge-

ahmt werden. Notfalls wird etwas Hilfestellung gegeben. Das Kind wird durch Anerkennung und Lob ermutigt, eine Tätigkeit erfolgreich und mit Spaß zu beenden. Gemeinsam erlebte Spielfreude stärkt das Selbstwertgefühl des Kindes. So gewinnt es Ausdauer, Langmut und Selbstvertrauen.

Dieses Buch möchte dazu ermutigen, sich Zeit für das einzelne Kind und seine individuelle Persönlichkeit zu nehmen. Die Möglichkeiten, diesen Austausch bereichernd zu gestalten, sind umfangreich. Eine Vielzahl praktischer Übungen ermuntern pädagogisch fundiert zum kreativen und abwechslungsreichen Miteinander. Etliche der Spielmöglichkeiten können dabei spontan und auf kleinstem Raum angeboten werden. Selbst in der Kita ist dafür nicht immer eine räumliche Trennung von der Gruppe notwendig. Um sich auf das einzelne Kind zu konzentrieren kann eine ruhige Ecke ausreichend sein.

Um die Bedeutung und Nachhaltigkeit des Erlebens ungeteilter Zuwendung zu verstehen, lohnt es sich, einen Blick auf die eigene Biografie und den eigenen spielerischen Umgang mit Situationen, auch im Erwachsenenalter, zu werfen.

Mein Vater war der Schulleiter einer Dorfschule. Er unterrichtete Kinder aller Altersstufen. Der Schulhof war nachmittags mein Spielplatz, zusammen mit Geschwistern und Nachbarskindern. Der Hof war nicht gepflastert und so zeichneten wir mit Stöckchen Hinkelkästchen, planschten in Pfützen und kletterten auf Bäume.
Sonntags machten wir oft Ausflüge. Blieben wir zu Hause, spielten wir Geschwister zusammen mit Papa Gesellschaftsspiele. Mama strickte derweil, freute sich über unseren Sieg und tröstete uns bei Misserfolg.
Toll war, dass mein Vater sich viel Zeit für uns Kinder nahm. Als Lehrer hatte er nachmittags häufiger als andere Väter die Gelegenheit dazu. Aber es war auch seine Einstellung. Sein Satz „Wenn man Kinder hat, nimmt man sich auch Zeit zum Spielen" war in den 50er- und 60er-Jahren alles andere als selbstverständlich.
Ich habe es sehr genossen, wenn mein Vater mit mir allein ein Buch anschaute, oder meine Mutter mich zärtlich mit Creme und Pflaster versorgte, wenn ich mir wehgetan hatte. Fingerspiele und tröstende Reime ließen dabei den Schmerz vergessen. Ihre Zuwendung und Aufmerksamkeit galt in solchen Momenten mir allein.

Als Sechsjährige verbrachte ich den Dienstagnachmittag oft bei der Kusine meiner Mutter. Die junge Frau wohnte allein. Ich durfte aus Modeheften schicke Kleider für meine Papieranziehpuppe ausschneiden. Im Radio spielten flotte Schlager und Gerda half mir geduldig beim Basteln. Kreatives Gestalten entspannt mich heute noch.

Auch als Mutter habe ich festgestellt, wie bereichernd es für mich selbst und unsere Kinder ist, Momente der ungeteilten Aufmerksamkeit und intensiven Nähe mit nur einem Kind zu verbringen. Zeithaben und Zuhören ermutigten es, seine Sorgen und Nöte mitzuteilen und wir Eltern konnten sein Verhalten besser einordnen und verstehen.

Mit ganzer Aufmerksamkeit zu zweit spielen und lernen

Mein Wunsch, einen Beruf im pädagogischen Feld zu erlernen, entwickelte sich schon früh. Nach dem Studium der Sozialpädagogik sammelte ich in Eltern-Kind-Kursen für Kinder mit Bewegungsstörungen heilpädagogische Erfahrungen. Intensive Elternberatung und fachlicher Austausch mit Erzieher*innen und Therapeut*innen der Kinder waren wichtige Pfeiler dieser Arbeit ebenso wie bei meiner anschließenden langjährigen Tätigkeit in der Frühförderstelle. Auftrag der pädagogischen Frühförderung ist das unterstützende und intensive Zusammenspielen einer erwachsenen Person mit einem Kind ab der Geburt bis zum Schuleintrittsalter. Hier spielte ich mit Kindern, die eine intensive Begleitung und Unterstützung aufgrund von Entwicklungsverzögerungen, Wahrnehmungs- und Verhaltensauffälligkeiten oder Behinderungen benötigten. Wöchentlich eine Stunde Zeit mit dem Kind zu verbringen bedeutete, es in seiner Persönlichkeit wahrzunehmen und zu verstehen, seine Fähigkeiten zu stärken und es entwicklungsgerecht spielerisch zu fördern. Heute nennt man das „Eins-zu-Eins-Förderung" oder auch „Face-to-Face".

Das Kind und ich spielten und lernten mit viel Spaß zusammen, begegneten uns auf sehr vertrauensvolle Weise. Manchmal war ich erstaunt, wie intensiv ich mich mit einem Kind unterhalten konnte. Ich teilte Wissbegierde und Erfolgserlebnisse, aber auch Frustrationen und Ängste mit dem jungen Menschen. Immer wieder stellte ich fest, wie gut es jedem Kind tut, wenn es Verständnis erfährt, es ernstgenommen und ihm zugehört wird.
Das Kind und ich bildeten ein Förderteam. Diese Konstellation eröffnet viele Fragen: Wie kann diese Zusammenspielzeit mit einem Kind gestaltet werden? Welche Materialien werden gebraucht? Wie können Spiel- und Lernfreude sowie Motivation und Handlungsplanung angeregt werden? Wie können das Ertragen von Misserfolgen und die Frustrationstoleranz gestärkt werden?

Das Entwicklungsalter der Kinder in der Frühförderung entsprach nicht immer dem tatsächlichen Lebensalter. Ich werde in diesem Buch daher nur selten Altersangaben machen. Spiele, die ich für ein kleines Kind beschreibe, können oftmals in einer angemessenen Veränderung dem älteren Kind anboten werden. Umgekehrt lassen sich mit Materialien für das Vorschulkind einfache Handlungsabläufe für das kleine Kind entwickeln. Selbstverständlich gilt es, Sicherheitsregeln zu berücksichtigen, wie z. B. keine Kleinteile ohne Aufsicht für die unter Dreijährigen zu verwenden.

Im Literaturverzeichnis befinden sich Bücher und Internetadressen, in denen Entwicklungstabellen eingesehen werden können, z. B. bei der BZgA.

Detaillierte Spielerlebnisse und sehr konkrete Anleitungen sind farblich unterlegt, für die Altersstufe bis drei Jahre hellgrün, für die drei bis siebenjährigen hellgelb und für alle hellblau.

Jedes Kind entwickelt sich individuell, hat Stärken und Schwächen. Das ist ja auch gerade ein Plus des Spielens zu zweit, Möglichkeiten und Vorlieben des Kindes wahrzunehmen und anzuregen. Handlungsabläufe bedingen sich gegenseitig, es kann zuerst eine ganz einfache Tätigkeit sein, die dann im wechselseitigen Kontakt immer vielschichtiger wird.

Übrigens: Alle Spielbeispiele eignen sich für Personen, die in einer Beziehung zum Kind stehen, es pflegen, beaufsichtigen, beschäftigen oder professionell fördern. Für das „Spielen-zu-zweit" bedarf es nicht einer pädagogischen Ausbildung und hochpreisigen Spielzeugs, sehr wohl aber einem Interesse am Kind. Freude und Begeisterung am gemeinsamen Spielen werden auf das Kind übertragen und umgekehrt. In einer positiven Beziehung begegnet die Spielbegleitung dem Kind authentisch und ist überzeugt von dem, was sie tut. So wird sie als Vorbild akzeptiert (vgl. Renz-Polster/Hüther 2013, S. 14). Auch wenn es einem zuerst schwerfällt, Ideen zu entwickeln und diese kindgerecht zu vermitteln, so gelten für uns Erwachsene doch die Sätze „Spielen kann ich lernen" und „Wir zwei lernen zu spielen, indem wir es tun".

Die vorgestellten Spielideen und Materialien zeichnen sich durch einen hohen Aufforderungscharakter aus, sie wecken das Interesse und bieten Gestaltungsmöglichkeiten. Einige haben sich als hilfreich für den Kontaktaufbau erwiesen. Bemerkenswerte Ereignisse rund ums Spielen erwähne ich gerne. Darüber hinaus sind diese Spiele und Handlungen geeignet, sie in den Förderplan eines Kindes einzusetzen. Die Kenntnisse professioneller Entwicklungsbegleiter*innen werden die Förderziele dieser Spielmöglichkeiten einzuordnen wissen.

Zusammenspiele können je nach individuellen und praktikablen Möglichkeiten auf dem Boden, am Tisch, auf dem Sofa und natürlich draußen durchgeführt werden. Je länger die einzelne Beschäftigungszeit ist, desto besser ist es, die Spielpositionen zwischenzeitlich zu wechseln. Die kurzen Spielbegleitungen für unter Zweijährige finden eher spontan auf dem Boden statt, da das kleine Kind hier bevorzugt seine Umgebung entdeckt.

Im Gegensatz zur Spielfläche im ganzen Raum setzt das Spielen am Tisch räumliche Grenzen. Es bietet sich für die intensive Auseinandersetzung mit dem Material an. Damit ein Baumeln der Füße nicht zu sehr ablenkt, ist es hilfreich, wenn diese auf den Boden, auf eine Platte oder einen Fußhocker aufgesetzt werden können.

Am Boden sind die Grenzen fließend, die Bewegungsfreude und die Lust am Experimentieren wird angeregt. Eine Matte oder Decke schaffen einen begrenzten

Raum. Während der Beschäftigungen habe ich darauf geachtet, dass das Kind und ich immer wieder Blickkontakt aufnehmen konnten.

Achtung: Das mobiler werdende Kleinkind erkundet und erforscht seine Umgebung robbend, drehend, sitzend und krabbelnd, später an Möbeln entlanggehend und schließlich freilaufend. Es bietet sich an, diese Exploration (Entdeckung) zwischenzeitlich zu beobachten, aber möglichst nicht zu unterbrechen. In einer Aktivitätspause, die das kleine Kind immer wieder braucht, kannst du es anlächeln und dich zu ihm setzen. Damit zeigst du dem kleinen Menschen: Ich sehe dich und bin bei dir und freue mich über dein Spiel. Ist es wieder aufnahmebereit, bietest du dich als Spielpartner*in an: „Schau mal, ich rolle dir den Ball zu" oder „Wir stecken die Becher ineinander" oder ...

Die Bezeichnung „dein Kind" kann sich sowohl auf das eigene Kind als auch auf dein Spiel- oder Förderkind beziehen dem du dich gerade widmest. Ich werde dich in diesem Buch mit „Du" ansprechen. Uns verbindet ja die Freude am Spielen und Lernen.

Meine Spielerlebnisse sind ein wenig verfremdet wiedergegeben, damit die Anonymität der Kinder gewahrt bleibt. Auch die Vornamen sind frei gewählt und stehen in keinerlei Beziehung zu den abgebildeten Kindern.

Als Spieleinheit bezeichne ich eine Stunde, so wie es in der Frühförderung üblich war. Natürlich kann diese Zeitspanne erheblich kürzer oder etwas mehr sein. Es kommt weniger auf die Länge der Zeit, als auf die Qualität an. Das heißt, in deiner Spieleinheit mit dem Kind ist alles andere nicht wichtig. Auch das Smartphone wird zur Seite gelegt.

Der Vorteil im familiären Umfeld liegt darin, dass auch die Alltagssituationen, wie Pflegezeiten oder das gemeinsame Essen und zu Bett bringen, als ein inniges Zusammensein und ohne Eile erlebt werden können. Spontan können sich am Tag Spielsituationen entwickeln, in denen du dich deinem Kind mit voller Aufmerksamkeit widmen kannst. Es wird spüren, wie viel es dir bedeutet und es wird ihm guttun.
Auch in der Kita ergeben sich während der Freispielzeit Möglichkeiten der Erzieher*in, sich einem Kind in einer ruhigen Spielecke, an einem etwas abseits stehenden Tisch oder in einem separaten Raum zuzuwenden. Die Gruppenaufsicht sollte während dieser Zeit auf eine andere Person übertragen werden. So reicht diese Konzentration auf das einzelne Kind, dieses hin und wieder „an die Hand nehmen" oft aus, dass es lernt, sich allein zu beschäftigen oder sich Gruppenkindern anzuschließen.

Meine Spieltermine wurden entweder in den Räumen der Frühförderstelle, der Kitas oder im familiären Zuhause des Kindes durchgeführt. Für die mobile Förderung gehörte es zu den Vorbereitungen, die benötigten Spiele und Materialien in eine Tasche zu packen. Und genau das habe ich auch für dieses Buch getan: Eine Tasche voller Spielzeuge, Ideen, Anregungen und Impulse zu packen und sie für dich zu öffnen.

Los geht's, das Spielalphabet wird ausgepackt:

Anbieten – Beobachten – Ausprobieren

Du lernst, dein Kind zu beachten und zu verstehen.

Wird einem Kind ein Gegenstand gereicht, ist zunächst das Abwarten und Beobachten von großer Bedeutung. Gemeint ist die Beobachtung im Sinne von Beachtung und Obacht sowie Kennenlernen und Verstehen, und nicht als Kontrolle.

> Was macht das Baby, das im Hochstuhl sitzt, wenn ich ihm einen Teelöffel zeige und in die Hand gebe, was macht es, wenn ich eine kleine Schüssel dazu anbiete? Wie betrachtet es die Gegenstände? Versucht es, sie an den Mund zu führen? Lauscht es, wenn es den Löffel zufällig an die Metallschüssel schlägt? Was passiert, wenn ich einen zweiten Löffel nehme und an die Schüssel klopfe und dieses nochmal mache. Was geschieht, wenn ich jetzt innehalte? Nimmt es Blickkontakt auf? Beobachtet es mein Tun? Sehe ich, dass das kleine Kind einen Zusammenhang herstellt und es mich voller Erwartung anschaut? Und dann klopfe ich. Ein heller Ton erklingt und nochmal und nochmal. Wir beide lachen. Dann imitiert das Kind meine Handlung. Es hat geklappt, der Ton erklingt. Ein Zusammenhang wird hergestellt. Unser Tun hat eine Wirkung.

So können wir uns eine ganze Zeit mit einer ganz kleinen Sache beschäftigen, ein Wechselspiel entsteht. Das Kind und ich, wir sind ganz bei uns. Bis sich das Spiel erschöpft. Nach so einer Sequenz muss nicht sofort ein weiteres Angebot erfolgen. Je jünger das Kind ist, desto wichtiger sind kleine Spielpausen, in denen es eine Weile für sich sein kann. Während meiner Frühförderstunden habe ich dem Kind dann still zugeschaut, mich mit der Mutter unterhalten oder das nächste Material bereitgelegt.

Achtung: Ist das Kind gerade ganz vertieft in seine Tätigkeit, bitte nach Möglichkeit nicht stören. Im Gegenteil, es ist eine gute Gelegenheit der Beobachtung. Das eigene Ausprobieren ist dem Kind jetzt Anregung genug, ein Eingreifen nur nötig, wenn es Aufmerksamkeit, Zuspruch oder neue Spielimpulse benötigt.

> Das Spiel mit dem Löffel kann ich bei nächster Gelegenheit wieder aufgreifen. Jetzt benutze ich die Metallschüssel und eine Plastikschüssel. Schon klingen die Töne beim Anschlagen unterschiedlich. Kommt das Kind auf die Idee, den Löffel in die Schüssel fallen zu lassen und zu horchen? Oder mache ich das vor, wiederhole es und lasse meinem kleinen Spielpartner Zeit, mein Tun zu beobachten. Schließlich lege ich den Löffel nah an seine Hand und ermutige

mit einem Blick, es mir gleich zu tun. – Während ich das schreibe, höre ich das Kind schon jauchzen.

Durch das Abwarten und Beobachten können bewusste und zufällige Aktionen des Kindes festgestellt werden. Im Zusammenspiel werden diese aufgegriffen und vorsichtig neue Handlungen eingebracht, die wiederum vom Kind beobachtet und nachgeahmt werden. Auf minimale Veränderungen des Kindes reagierst du wiederum. Zeit lassen und zusammen Spaß haben sind die Zauberwörter dieser kleinen Spielsequenzen.

Geh auf Entdeckungsreise, denk beim Hantieren mit den Materialien darüber nach, wie sie sich zweckentfremden lassen. In all unseren Wohnbereichen, in Küchenschränken und Schubladen gibt es Sachen, die sich hervorragend zum Spielen und Gestalten eignen. Versuche, die Dinge mit Kinderaugen zu sehen. Welche Schüsseln, Siebe, Löffel, Töpfe sind für die ganz Kleinen interessant? Wie ansprechend sind die Farben? Aus welchen Materialien sind die Gegenstände und ist die Größe für Kinderhände geeignet? Es würde ins Endlose gehen, all die Spielmöglichkeiten aufzuzählen, die sich im Umgang mit Alltagsmaterialien ergeben.

Achtung: Ist die Verletzungsgefahr bei einem Material selbst unter Beobachtung im Zusammenspiel groß, wird es besser nicht verwendet.

Ebenso kann vorhandenes Spielzeug mit Phantasie und Erfahrung anders genutzt werden, sodass es nicht nur für angegebene Altersempfehlungen geeignet ist. Auch Dinge aus sogenannten „wertlosen Materialien“ lassen sich wunderbar umfunktionieren, bevor sie entsorgt werden. Die kreativen Spieleinfälle der Kinder überraschten mich so manches Mal.

Da fällt euch beiden sicher vieles ein ...

Wie lassen sich unterschiedliche Sachen miteinander zu einem neuen Spiel entwickeln?

In unserem kleinen Beispiel kann etwas unter die Schüsseln gelegt werden. Mit einem „Aha“ wird es wieder hervorgeholt. Schon bist du mit dem Kind in einem neuen Spiel. Statt des Metalllöffels bietest du einen aus Holz an oder nimmst einen Schneebesen. Du kannst ein Tuch hineinstecken und langsam wieder herausziehen. „Spannend“, nicht wahr, wie es ausgebreitet daliegt und wieder zusammengedrückt in den Schneebesen gesteckt wird und erneut herausgezogen wird, diesmal vom Kind. Oder das Tuch wird über den

Schneebesen gelegt und mit einem „Da ist er ja wieder!" hervorgezaubert. Und dann ziehst du das Tuch über deinen Kopf. Da ist dein Gesicht ja wieder. – Und dann verschwindet das Gesicht des Kindes – und beim ersten Mal ganz schnell das Tuch wieder wegziehen, damit es keine Angst bekommt.

Wie schön für das Kind, wenn es mit einem lieben Menschen, mit Mama oder Papa, gemeinsam Spaß am Entdecken hat und danach Gelegenheit, sich allein mit den angebotenen Sachen zu beschäftigen.

Übrigens: Der ungarischen Kinderärztin Emmi Pikler (1902–1984) war es ganz wichtig, dass die Umgebung so gestaltet wird, dass das kleine Kind eigenständig aktiv werden kann und ihm dabei Zeit gelassen wird, dies in seinem Tempo zu tun. Sie hob die Bedeutung der Beobachtung hervor. Dadurch, dass die Bezugsperson bemerkt, was das Kind braucht und fühlt, wird sie es auch richtig unterstützen, begleiten und lenken.

Jetzt, gleich oder später: Biete dem Kind deine Hände zum gemeinsamen Spiel an. Sie können klatschen, Fäuste machen und klopfen, sie können kitzeln und sich verstecken und plötzlich wieder hervorkommen. Sie können die Augen verdecken. Ha, da sind sie wieder.
Eine gegenseitige Handmassage ist angenehm. Die Finger können zappeln und über die Arme, den Körper krabbeln, die Finger können sich ineinander verschränken und wieder auseinanderziehen und ein Fingerspiel machen. Mit den Fingern könnt ihr prima das Zählen üben. Die Hände können ein Schattentheater aufführen. Alles ohne zusätzliches Material. Noch viel mehr Ideen entstehen im Spiel mit euren vier Händen.

Darum geht's: *Es ist schon sehr wichtig, sich immer mal wieder Zeit zu nehmen, das Kind zu beobachten. Wie entdeckt es die Umgebung? Welche Materialien wählt es aus? Wie hantiert es von sich aus damit? Das gilt besonders für die kleinen Kinder. So verstehst du, was das Kind kann und welche Angebote es anregen. Im Zusammenspiel werden Spielvariationen wechselseitig aufgegriffen. So entstehen gegenseitige Nachahmung, neue Ideen und ein fröhliches Miteinander.*

Ausräumen – Einräumen – Aufräumen

Dein Kind entdeckt den Raum und was sich darin verbirgt.

Schon die ganz Kleinen lieben es, Dinge aus Kisten, Schüsseln, Taschen, Schubladen und Schränken herauszuholen und wieder hineinzulegen. Wenn sie dann ins Krabbelalter und in den Stand kommen und Laufen gelernt haben, ist nichts mehr vor ihnen sicher. Besonders interessant sind die Dinge, die hinter Türen und in Schubladen verborgen sind und dort sind, wo sich die Erwachsenen aufhalten. Diese Entdeckungsfreude wird unterstützt durch gefahrlose Angebote in den unteren Schränken, die das Kind selbstständig erreichen kann. Das können Schüsseln, Becher aus Kunststoff, nicht zu schwere Töpfe und Ähnliches sein. Dann muss auch nicht immer wieder „Nein" gesagt werden.

Durch das „Aus- und Einräumen-Spiel" wird das anschließende gemeinsame Aufräumen zu einer Selbstverständlichkeit. Alltagsregeln können ja durchaus in Spielhandlungen verpackt werden.

Auch unsere Tochter liebte es, Dinge auszuräumen. Eines Tages wickelte ich sie auf dem Boden. Die Kleine beobachtete, wie ich die Papiertücher aus der Pappschachtel zog. Das schaffte sie auch. Immer wenn sie ein Tuch rausgezogen hatte, folgte ein Neues. Ich ließ sie gewähren und hatte meine Freude daran. „Dideldid" war damals ihr Wort für Erstaunliches. Nach einiger Zeit zog sie einige Tücher ganz langsam aus dem Schlitz heraus, ich tat es ihr nach und ließ ein Tuch aus meiner gestreckten Hand fallen. Beide verfolgten wir das Tuch, bis es auf dem Boden lag. Unsere Tochter ahmte es nach, sie streckte ihre Hand dabei weit nach oben, sie richtete sich beim nächsten Mal auf, beide verfolgten wir das Tuch, bis es auf den Boden fiel. Auch ich richtete mich etwas auf, ließ das Tuch schweben, beim nächsten Mal fiel es auf ihren Kopf. Wir mussten herzlich lachen! Bei ihrer nächsten Aktion fiel das Tuch auf meine Hand, ich pustete es nach oben, sie versuchte das Pusten nachzumachen. Es flatterte aber erst, als ich es mit den Fingern an einer Spitze festhielt. So ging dieses Ausräumen der Tücher weiter und weiter. Der Boden lag voller Papiertücher. Langsam führte ich ihre Hand in die Packung bis in jede Ecke und sagte „Die Schachtel ist leer, ganz leer". Unser Mädchen schaute zum Boden und zur Packung. Sie stellte die Verbindung her, dass wir den Behälter leergeräumt hatten. Es folgte das Spiel, wie wir die Tücher wieder gemeinsam in die Packung stopften. Jetzt räumten wir ein und gleichzeitig auf.

Dieses Spiel wurde ein Bestandteil meiner Frühförderung. Eine leere Packung wurde mit Quadraten unterschiedlicher Stoffe gefüllt. So konnte das Kind neben Aus-

und Einräumen auch die Gegensätze voll und leer handelnd begreifen. Es sammelte taktile Materialerfahrungen, wie weich und hart, glatt und rau, und dass nur die ganz leichten Tücher weggepustet werden können.

Auch andere Dinge fallen dem Kind aus der Hand, immer nach unten. Zuerst zufällig und dann bewusst. Das Kind schaut dem Gegenstand beim Fallen hinterher, bis er unten liegt. Da scheppert die Metallschüssel laut auf dem Boden. Die kleine Holzschale ist viel dumpfer, der Plastikbecher dreht sich beim Landen auf dem Boden wie ein Kreisel und der Ball rollt unter den Tisch. Selbst das Kleinkind, noch unsicher auf den Beinen, sitzt plötzlich mit einem „Plumps" auf dem Hosenboden. Warum schreibe ich das: Weil es so viele Erkenntnisse gibt. Gegenstände sind unterschiedlich schwer. Manche fallen geradewegs nach unten, manche segeln oder rotieren. Fallexperimente dürfen auch mal ein Spielerlebnis zu zweit sein. Für das gemeinsame Aufheben und Aufräumen braucht es Führung und Zeit. Die Brotkrumen, die auf dem Boden gelandet sind, heben wir auf und lassen sie in die Küchenbiotonne fallen. Die Schüsseln finden ihren Platz im Schrankfach. Und wenn eine Porzellantasse beim Fallen zerbrochen ist? Oh, sie ist „kaputt", sagst du ernst. Unter deiner behutsamen Handführung berührt ihr gemeinsam eine Scherbe mit aller Vorsicht und stellt fest, dass sie scharf ist. Sie kommt in den Mülleimer. Der Rest wird aufgefegt und entsorgt. „Kaputt" und „Vorsicht" – diese Wörter haben jetzt eine Bedeutung. Und wenn du demnächst „Nein, nicht fallen lassen!" sagst, weiß das Kind warum!

Aus- und Einräumspiele lassen sich mit vielfältigen Behältern realisieren. Im Zweierkontakt kann das beliebte Nimm-Gib-Spiel entstehen: Wir sitzen auf dem Boden. Das Kind holt sich einen Baustein aus dem bis zum Rand gefüllten Eimerchen und gibt ihn mir, ich nehme ihn und lege ihn in einen Korb. Ich bekomme den nächsten Baustein, bis das Eimerchen leer ist. Wirklich leer? Wir fühlen – ja! Aber der Korb ist nur halb gefüllt mit Bausteinen. Er ist halt größer. Hat das Kind noch Lust, dann gebe ich ihm jetzt nach und nach Bausteine aus dem Korb zurück, die es ins Eimerchen legt. Nehmen und Geben, Füllen und Leeren, Voll und Halbvoll. Wie oft habe ich das Aus- und Aufräumen mit den Ein- bis Zweijährigen gespielt? Unendlich viele Male mit verschiedensten Materialien.

Da fällt euch sicher so manches Ein- und Ausräumspiel ein ...

Besonders gut kam in meinen Frühförderstunden mein kleiner Schubladenschrank aus dem Baumarkt an. Schon das Auf- und Zumachen, das Hin- und Herschieben der Schubladen weckt das funktionelle Interesse des Kindes. Eine ganze Zeitlang kann es sich damit beschäftigen.

Du kannst erst einmal abwarten und beobachten, was dein Kind macht. Wenn es die Schubladen ganz herauszieht, wird das unerfahrene Kleinkind beim Wiedereinsetzen zuerst noch deine Hilfe benötigen. Du kannst eine Lade vorsichtig raus- und gleich wieder reinschieben – hin und her. Jetzt gib dem Kind Zeit, dieses nachzuahmen. Du kannst das mit allen Schubladen machen. Vielleicht öffnet das Kind das Schränkchen und du schließt, oder umgekehrt. Lachend passiert das immer und immer wieder. Spannung wird aufgebaut, wenn du die Lade extrem langsam öffnest.
Und dann legst du einen kleinen Bauklotz in eine der Schubladen. Überrascht wird er beim nächsten Öffnen entdeckt und wieder versteckt. „Wo ist er denn?" Das Kind steckt ihn in eine Lade, du suchst, natürlich findest du es nicht gleich. Du kannst das Spiel steigern, indem zwei oder drei Klötzchen in den Schubladen verschwinden. Das Kind, das schon kleinste Mengen erfassen kann, fragst du „Wo ist ein Bauklotz? Wo steckt er denn?", „Wo sind die vielen Klötzchen?" (3 bis 4 Klötzchen bedeutet beim Ein- bis Zweijährigen schon „viele") oder konkreter: „Wo sind die zwei geblieben?" Unter großem Hallo werden sie „hervorgezaubert".

Die Klötzchen können aber auch nach Farben geordnet werden. Dazu legst du zuerst in zwei Schublädchen jeweils ein farbiges Klötzchen, z. B. rot und blau. Zusammen sortiert ihr jetzt aus dem Korb rote und blaue Bauklötze ein, später werden andere Gegenstände nach den Grundfarben eingeräumt. Das Prinzip bleibt gleich, durch wechselnde Materialien wird die Motivation angeregt. Mit dem Schubladenschränkchen können so viele neue Spielideen entstehen. „Wo ist das glitzernde Täschchen?", „Oh, gefunden! Das lässt sich ja öffnen. Was ist da nur drin?". Dinge lassen sich ordnen. So finden die kleinen Autos in einer Lade einen Platz, die Fingerpüppchen und leeren Cremedosen in einer anderen. Mein Schubladenschrank diente schon als Kaufladen oder kleine Poststation mit einsortierten Briefmarken und Umschlägen. Der Phantasie sind da keine Grenzen gesetzt. Locker lässt sich damit eine ganze Weile zusammen spielen.

Das Kleinkind möchte einfach alles entdecken. Manchmal ist das aber gefährlich oder die Gegenstände sind zu wertvoll. Dann ist es gut, sich Zeit zu nehmen und dem Kind die Dinge in deiner Gegenwart berühren und untersuchen zu lassen und ihm anzubieten, dass es dies mit dir „zusammen" darf aber „nicht alleine". So hat sich unsere knapp Zweijährige so sehr für die Schallplattensammlung im Regal interessiert, dass der Papa gemeinsam mit ihr Platten aus der Hülle genommen hat. Er betrachtete und berührte mit ihr die Rillen. Ganz vorsichtig legten sie zusammen eine Platte auf das Abspielgerät und lauschten der Musik. Anschließend packten sie die Platte wieder gemeinsam ein. Das Gebot „nicht allein, nur zusammen" hat unsere Tochter nie missachtet. Und wer weiß, vielleicht kommt ihre Liebe zur Musik von Schallplatten auch ein bisschen daher.

Lässt sich dieses Beispiel heutzutage auf die Benutzung des Laptops, Tablets oder Smartphons anwenden? Ich meine, sie gehören zu unserem Alltag. Und es soll doch nicht heißen: „Messer, Gabel, Smartphone, Licht, sind für kleine Kinder nicht!" Geduldig und ruhig werden die Geräte altersgerecht zusammen entdeckt. Gebote des Gebrauchs wie „nur zusammen, nicht allein", werden wiederholt erklärt und konsequent eingehalten. Na ja, sicherheitshalber würde ich einige Funktionen trotzdem sperren. Klappt es mit dem Befolgen noch nicht, wird das Gerät unerreichbar für das Kind weggelegt. Wenn es dabei zuschaut und sieht wo es liegt, hat es nicht so sehr das Gefühl, dass es ihm weggenommen wird.

Jetzt, gleich oder später: Steht eine Schale mit Obst auf dem Tisch oder andere Dinge? Dann geht's los je nach Alter des Kindes mit dem Ausräumen und Sortieren: Apfel zu Äpfeln, Banane zu Bananen, Mandarine zu Mandarinen. Was ist rund? Was rollt gut? Klar, der Apfel und die Mandarine. Das „Mandarinenrollspiel" kann entstehen! Pass auf, dass nichts vom Tisch kullert! Rechtzeitig wird das Rollen vor dem Fallen mit der Hand gestoppt.
Alle Mandarinen werden gezählt. „Gib mir bitte vier Mandarinen" oder „ich gebe dir drei". Bei den Jüngeren reicht vorerst: „Gib mir bitte eine Mandarine!" Am Ende wird das Obst wieder in die Schale gelegt. Fertig! Bei den älteren Kindern geht das auch mit Nüssen oder der Schale mit Süßigkeiten oder ...
Und falls ihr gerade in der Küche seid: Wie wäre es mit dem „Töpfe-ineinanderstecken-Spiel"? Oder mit dem „Plastikdosen-Aufeinanderstapeln-Spiel?"
Und nachher wieder gemeinsam aufräumen – versteht sich.

Darum geht's: *Beim Ausräumen, Einräumen, Aufräumen werden räumliche Entdeckungen gemacht. Dinge sind oben oder unten, sie sind vor, hinter oder neben einem. Das große Spielzeug passt nicht in die kleine Kiste usw. Das Kind gewinnt durch das Erforschen der Räumlichkeiten ständig neue Erkenntnisse. Machen wir uns dieses Interesse am Spiel zu zweit zu Nutze indem wir unterschiedliche Dinge anbieten. Das gemeinsame Aufräumen am Schluss gehört dazu.*

Bewegen – Toben – Turnen

Dein Kind spürt sich selbst und was es alles kann.

Wir alle wissen es: Bewegung ist ein äußerst wichtiger Baustein der kindlichen Entwicklung. Sie fördert das Bewusstsein für den Körper, für die Körperkontrolle, für die Einschätzung der Kraftaufwendung und für das Selbstvertrauen, um nur einiges zu nennen. In Kombination mit Spaß ist die Bewegungsanregung ein ganz wichtiges Element der ganzheitlichen Förderung und der unbeschwerten Gemeinsamkeit. Ich möchte dich ermutigen, mit dem kleinen Menschen zu gehen, zu rennen, zu hüpfen, zu balancieren, zu klettern und zu schaukeln. Und dass sowohl drinnen als auch draußen. Wichtig ist, soweit es dir möglich ist, dass du Bewegungen aktiv mitmachst. Dabei muss dein Anteil ja nicht ganz so groß sein wie der des Kindes. Gemeinsame Bewegungsübungen verpackt in spielerische Aufgaben mit Spaßfaktor sind auch hier das Zauberwort.

Ich möchte von Ben erzählen. Einzelne Entwicklungsfortschritte vollzog er sehr langsam. Schon geraume Zeit konnte er, wenn ein vertrauter Mensch ihn an beiden Händen festhielt, einige Schritte gehen, aber er wagte es einfach nicht, sich loszulassen. Bei einem gemeinsamen Ausflug nahm ich ihn auf ebener Spielplatzfläche aus dem Sportwagen und wir spielten „Komm in meine Arme". Das bedeutet, dass ich mit Blickkontakt und ihn an den Händen festhaltend mit ausgestreckten Armen rückwärtsging. Dann blieb ich stehen und er ging zielstrebig auf mich zu. Mit lachendem „Hallo" wurde er begrüßt. Wir wiederholten es einige Male. Dann nahm ich die Umhängetasche, seine Finger umschlossen den Riemen und ich ging ein kleines Stückchen rückwärts. Ben kam wieder in meine Arme, er jauchzte über seinen Mut und ich zeigte ihm meine Freude über den Erfolg. Nach einigen Wiederholungen hielt ich den Riemen ein wenig vor seinen Händen. Er berührte ihn nicht, Ben ging frei, der Riemen in sicherer Nähe. Was für ein Spaß, wenn er mich erreichte und geknuddelt wurde. Was für ein toller Erfolg für Bens Selbstbewusstsein!
Später haben Ben und ich zunächst das freie Balancieren über Bänke und niedrige Mauern auch mit Hilfe von Gürtel und Seil geschafft.

Das Schöne an solche Übungen ist, dass du als Spielpartner*in ganz beim Kind bist. Du forderst es, du treibst es ermutigend an, du lobst es und freust dich über den Erfolg. Und genau diese Anerkennung und dein Zutrauen spürt das Kind. Das Vertrauen in die eigenen Fähigkeiten wächst. Die Geduld mit sich selbst und der Mut, sich auszuprobieren, nehmen zu.

Kinder müssen ihre körperlichen Grenzen austesten. Sie brauchen die Übung, um ein gutes Maß an Körperkraft und Geschwindigkeit einsetzen zu können. Im Zweierkontakt können wir herrlich auf unterschiedliche Art und Weise miteinander Laufen, Springen und Toben.

Viel Spaß in der Förderung erlebte ich mit dem Spiel „Wer fürchtet sich vor der schnellen Frau?" oder auch „vor dem wilden Kind?". „Niemand" – „Dann komm doch rüber" – „Wie denn?" – Jetzt folgt vom wilden Kind der Vorschlag „Gehen". Beide bewegen sich von einer Wand zur anderen in der vorgeschlagenen Weise. Das wilde Kind versucht dich zu fangen. Anschließend wirst du zum Fänger. Weitere Bewegungsarten sind Krabbeln, Rennen, Schwimmen, Schleichen, starr gehen wie ein Roboter oder Hüpfen wie ein Frosch. So beginnt das Spiel immer wieder aufs Neue.
Eigentlich für eine Kindergruppe konzipierte Spiele können prima zum Zweierspiel umfunktioniert werden. Im Regelspiel „Gänsemarsch" machen junge Gänse Sport. Aus einem Stapel Karten decken das Kind und ich abwechselnd eine Karte auf. Die gezeigten Bewegungsarten wie Hüpfen, Klatschen, Zappeln, Tanzen oder Kniebeugen machen wir nach. Wer die Karte mit dem Fuchs aufdeckt ruft „Fuchsalarm" und versucht die fliehende „Gans" zu fangen und bringt sie auf den Platz zurück. Der Spaßfaktor ist enorm. Wird die Ausgelassenheit zu groß, ist es wichtig, das Spiel wieder in ruhige Bahnen zu lenken. So kündigt der Fuchs am Ende gähnend an, dass er müde ist und bald schlafen möchte. Bei einem ängstlichen Kind habe ich die Fuchskarte zunächst nicht eingesetzt.

Das gemeinsame Handeln, Lachen und Gewinnen macht den besonderen Spielreiz aus. Das Aufdecken der Spielkarten ist spannend und motiviert das Kind, die dargestellten Bewegungsarten auszuführen. Schaut mal, welche Regelspiele sich eignen. Zu zweit könnt ihr Spielregeln euren Bedürfnissen anpassen. Es gibt im Handel einige Spiele, die Bewegungen bewusst mit Aufgaben verbinden. So läuft das Kind zur passenden Bildplatte, wenn es den Begriff hört. Danach schickt es dich los. Selbstgestaltete Karten können solche Bewegungsaufträge ebenfalls vermitteln.

Wichtig ist bei allen Bewegungsarten, dass sie an den Fähigkeiten des Kindes ausgerichtet sind. Zeigt sich, dass eine Übung trotz etwas Hilfe zu schwer ist, kann sie verändert werden. Die Option, zum „Können" des Kindes zurückzukehren, muss immer möglich sein. Es ist empfehlenswert, dass du die Bewegungen mitmachst. So motivierst du dein Kind und stellst selbst fest, wann ein Wechsel der Übung erfolgen sollte. Am Ende kannst du vereinbaren: „Wir hüpfen noch fünfmal." oder „Ich zähle von fünf bis eins, dann stoppen wir.". Kinder lieben so einen Countdown.

Bewegungen der Gänse nachmachen durch Aufdecken, von Karte zu Karte Springen oder in Verbindung mit einem Memoryspiel.

Interessanter für ein eher bewegungsscheues, aber auch für ein übermäßig aktives Kind ist es, wenn mit der Aufgabe ein Ziel verbunden ist. So wird der Fuchs gefangen, der Prinz überwindet den Weg zum Schloss mit Hindernissen oder ihr beide übt für eine Zirkusvorstellung. Entsprechend den räumlichen Voraussetzungen kann eine Bewegungslandschaft aus Matten, Schaumstoffblöcken, Reifen usw. aufgebaut werden. So wird die Turn- oder Yogamatte zum Fluss, die Bank zur Brücke über den Fluss, der Stuhl oder Kasten zum Berg usw. Klare Anweisungen geben Sicherheit: „Du gehst bis zum Berg (Kasten)" oder „An der Brücke (Bank) wartest du auf mich.".

Solche psychomotorischen Bewegungsspiele sind wunderbare Gemeinschaftserlebnisse einer Kinderturngruppe. Für ein Kind mit einer gewissen Ängstlichkeit, wenig Selbstvertrauen, Wahrnehmungs- oder Kontaktproblemen ist es hilfreich, zuvor im geschützten Spiel zu zweit die Freude an seinen Bewegungsfähigkeiten zu entdecken und Unsicherheiten abzubauen. Ein schöner Nebeneffekt ist es, wenn sich ein zurückhaltendes Kind schließlich traut, die gemeinsam geübten Bewegungen in einer Turngruppe umzusetzen. Andererseits lernt ein bisweilen ungestümes Kind, sich im Spiel mit dir rücksichtsvoll und bewegungskontrolliert zu verhalten.

Übrigens: Turn- und Sportvereine sowie Familienbildungsstätten bieten oft Eltern-Kind-Gruppen für das gemeinsame „Kleinkindturnen" in einer Turnhalle an. Die Bewegungsfähigkeiten in einer Gruppe Gleichaltriger und zusammen mit Mama oder Papa auszuprobieren, sind ein wahrer Erfahrungsschatz.

Während in der Frühförderstelle und in den Kitas ein Turnraum mit geeigneten Kästen, Spieltreppe, Sprossenleitern, ein Brett als schräge Ebene, Weichmatten und Schaumstoffblöcken zur Verfügung stehen, habe ich mich in der häuslichen Umgebung platzmäßig beholfen und aus Bank und Hocker, Tisch und Stuhl Turngeräte geschaffen. Utensilien wie Yogamatte, kleine Teppichfliesen, Tücher, Reifen, Bälle, Seile, Luftballons, Kissen oder Kartons brachte ich mit, manchmal auch ein Rollbrett, eine dicke Rolle oder den großen Therapieball.

Im zweiten bis dritten Lebensjahr lernt das Kind Treppen zu steigen. Die Benutzung ist mitunter eine Herausforderung. Beobachte wie dein Kind die Treppe bewältigt: Krabbelt es die Treppe hoch? Geht es die Treppe im Kinderschritt (d. h. beide Füße stehen auf einer Stufe, bevor ein Fuß auf die nächste gesetzt wird)? Oder steigt es im Wechselschritt hinauf oder hinunter (auf der Stufe ist immer nur ein Fuß). Fasst es das Treppengeländer an oder braucht es deine Hand? Lässt es das gemeinsame Üben zu? Dabei sind das Zeigen deiner Geduld und deines Zutrauens immens wichtig.

Möchte es lieber auf allen Vieren hinauf- oder hinunterkrabbeln? Nach oben wird die nächsthöhere Stufe zuerst mit den Händen berührt. Herunter rückwärts, die Füße kommen zuerst auf die Stufe.
Die Fähigkeit des Kindes wird jeweils berücksichtigt und die nächsthöhere Schwierigkeit behutsam angebahnt. Die Übungen zunächst nur an den beiden letzten Stufen oben oder unten durchführen, so ist ein Erfolgserlebnis schnell erreicht.

Achtung: Kinder zeigen mitunter Auffälligkeiten in der Körper- und Bewegungswahrnehmung. Im Kapitel Wahrnehmung findest du Informationen. Bei allen motorischen Übungen hat die Leiter*in auf eine gute Absicherung und Hilfestellung zu achten. So kann das Kind ermutigt werden, bis an seine Grenzen zu gehen.

Hervorragende Spielmöglichkeiten ergeben sich mit Pappkartons. Sie lassen sich stapeln und umwerfen. Wird ein Fuß hineingestellt, kann damit über den Boden gerutscht werden. Kartons lassen sich befüllen und wegschieben. Liegt Schweres darin, muss das Kind seinen Kraftaufwand steigern. In großen Kartons kann sich das Kind verstecken oder reinsetzen und dann ziehen oder schieben lassen. Leichte Bälle und schwere Sandsäckchen werden hineingeworfen oder handliche leere Kartons gegenseitig zugeworfen und gefangen. Letztendlich lassen sich Pappkartons anmalen und es können daraus Häuser mit Türen, Fenstern und Lichterketten gebaut werden.

Beispiele für gemeinsamen Bewegungsspaß:

- Zusammen Spielplätze besuchen oder durch Wald und Wiese streifen. Über Baumstämme oder kleine Mauern balancieren, steigen und abspringen. Zunächst mit Anfassen und Auffangen.
- Das Kind jubelnd in die Arme laufen lassen und es im Kreis drehen.
- Über ein auf den Boden gelegtes Seil oder Band vor- und rückwärtsgehen bzw. balancieren. Im Scherengang und überkreuz gehen, seitlich springen.
- Für Hüpf- und Springübungen ein Seil am Tischbein festknoten, darüber steigen, hüpfen, springen, mit geringer Höhe beginnen. Das Seil zu einem Kreis formen und auf unterschiedliche Weise hinein- und hinausspringen z. B. sich im Sprung drehen. Auf einen Hocker oder Stuhl steigen und herunterspringen. Dabei üben, die Körperanspannung anzupassen, um sicher stehen zu bleiben. Von einer rutschhemmenden Teppichfliese auf die nächste springen.
- Unter einem vertrauten Menschen durchkriechen, daran hoch- oder darüber klettern, Pferd und Reiterspiel.

Effol
HOGA

- Unter einen Tisch, durch einen Kriechtunnel oder unter einem gespannten Seil robben und krabbeln. Dabei das Seil möglichst nicht mit dem Rücken berühren (da hat das Kind Vorteile). Durch einen Reifen oder offenen Karton steigen.
- Schubkarre spielen: die Beine des Kindes hochheben, es läuft auf den Händen.
- Einen Parcours oder eine Spirale aus Pappdeckeln legen und darüber schreiten, hüpfen oder dazwischen balancieren.
- Türme, Häuser, Brücken aus Schaumstoffblöcken bauen und zwischendurch gehen, laufen, hüpfen, ohne dass ein Bauwerk umfällt.
- Schaumstoffblöcke nach dem Bauen umwerfen macht Spaß. Am Ende werden sie am vorgesehenen Platz ordentlich aufgestellt.
- Mit einem Kinder-Rutscher-Auto, Bogen-Roller oder Dreirad und Ähnlichem durch einen gelegten Parcours (auch draußen) fahren. Auf dem Rollbrett sitzend oder bäuchlings durch den Raum fahren oder gefahren werden.

Achtung: Immer die Fähigkeiten des Kindes berücksichtigen. Besonders beim Rollbrett zunächst in absoluter Nähe bleiben oder das Kind festhalten. Nicht allein mit den Füßen auf das Brett steigen, es könnte urplötzlich wegrollen.

Da fällt euch sicherlich noch so manches ein …

Jetzt, gleich oder später: Zusammen stampft und trampelt ihr mit den Füßen auf den Boden, im Wechsel schnell und langsam. Ihr könnt eure Füße mit den Händen massieren, kneten und kitzeln, die Zehen zusammenziehen und abspreizen. Ihr füßelt, das geht so: eure Fußsohlen berühren sich, sie bewegen

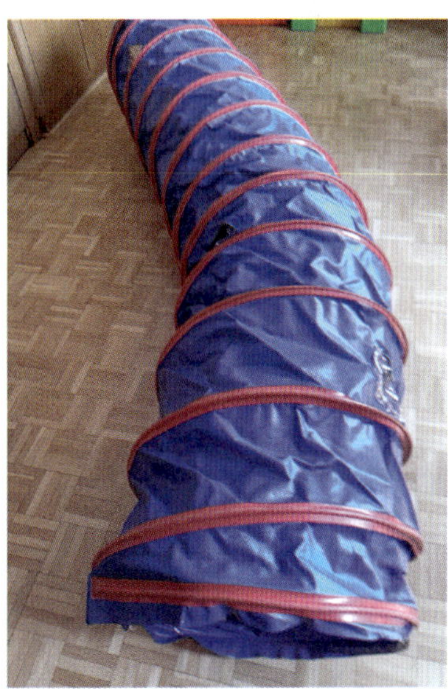

sich zusammen kreisend oder hin und her. Sie kommen aufeinander zu, sie werden fest aneinandergedrückt und entfernen sich wieder.
Beim, Hopsen, Springen und Laufen auf der Stelle werdet ihr müde. Ideen entstehen im Spiel mit euren vier Füßen ganz von allein.
Und vergesst nicht, miteinander zu tanzen. Also: Musik anmachen und gegenseitig zeigen, was ihr so draufhabt.

Darum geht's: *So richtig beim gemeinsamen Bewegen und Turnen alles geben, hilft, sich körperlich gut zu fühlen. Danach ist das zur Ruhe kommen besonders angenehm. Abwechslungsreiche motorische Erfahrungen wirken sich positiv auf die gesamte Entwicklung aus. Das Erleben des eigenen Körpers und der eigenen Fähigkeiten stärken das Selbstbewusstsein, die Ausdauerleistung, den Gleichgewichtssinn, die Körperspannung und die Bewegungsfreude. Sport tut allen gut.*

Cremen – Matschen – Kneten

Dein Kind lernt, mit den Händen zu fühlen und zu gestalten.

Die taktile Wahrnehmung gehört zu den Nahsinnen. Der Tastsinn entwickelt sich schon im Mutterleib. Berührungsreize gehören zu den elementaren Erfahrungen der Eigenwahrnehmung und dienen zur Unterscheidung von Materialeigenschaften wie kalt und warm, weich und hart, rau und glatt.

Eine erste Empfindung des Säuglings ist die Berührung der elterlichen Haut. Hier wird er schon deutliche Unterschiede wahrnehmen. Aber auch die Kleidung, das Bad, das Wickeln und das Eincremen sind verschiedenen Sinnesreize. So kann die Creme schon mal punktuell auf einzelne Hautbereiche gedrückt und mit den Worten „Da ist der Bauch und da ist ja die Nase und das Ohr" usw. zärtlich kommentiert werden. Später können auch Finger und sogar Hände und Füße in den Cremetopf getaucht werden. Was für eine Erfahrung hinsichtlich Konsistenz und Temperatur!

Die kleinen Kinder brauchen das Befühlen und Untersuchen der Dinge mit Mund und Händen. Solange es nicht gefährlich wird, beobachten wir diese Materialerkundungen. Natürlich bietet sich dafür auch das Essen an. Ein bisschen Schmieren und Matschen gehört dazu. Das gibt sich von selbst. Und wenn der Schokopudding zweckentfremdet wird und auf dem Boden landet? Nein, nicht schimpfen, aber auch nicht lachen. Da gehört er ja schließlich nicht hin. Beim Saubermachen macht, wenn möglich, selbst das kleine Kind mit.

Übrigens: Selbst ein Kleinkind lässt sich bei der Zubereitung einfacher Speisen einbeziehen. So kann es den Pudding mit dem Schneebesen rühren (mit oder ohne Handführung). Es kann die Himbeeren oder Streusel darüber streuen, die Banane mit der Gabel zerdrücken, usw. Das Essen der gemeinsam zubereiteten Speise ist einfach ein leckeres Erlebnis.

In deiner gemeinsamen Spielzeit mit dem Kind können sich in allen Altersstufen viele Möglichkeiten des gemeinsamen „Matschens" ergeben.
Sicher erinnerst du dich noch gern daran, wie du selbst als Kind mit Sand und Wasser eine Pampe gerührt und Burgen gebaut hast. Ab und zu habe ich daher die Förderstunde draußen im Sandkasten mit Gießkanne und Wasser, Eimer, Schaufel, Rechen und Förmchen durchgeführt.

Ein kleiner Sandgarten in DIN-A4-Größe gehörte für das Spielen im Haus zu meinem Equipment. Mit dem Finger oder Stäbchen zeichneten mein Spielkind und ich Linien oder wir drückten mit Kamm und Holzstempeln Muster hinein. Mit einem Schaber glätteten wir wieder den Sand. Er wurde mit Steinchen belegt. Manchmal verbrachten wir Minuten damit, den Sand über unsere Hände rieseln zu lassen oder darin zu wühlen und versteckte Steinchen zu finden. So ein entspannendes Spiel lässt sich auch zu Hause schnell mit Plastikwanne, Spielsand oder sogar Grieß verwirklichen.

Für erste Erfahrungen mit Fingerfarbe werden große Papierbögen bereitgelegt. Nachdem der Tisch mit einer Plastikdecke geschützt ist und ihr alte T-Shirts ange-

zogen habt, könnt ihr mit den Fingern oder mit dem Pinsel beginnen. Zunächst mit Fingerfarbe hin und her streichen, schwingen, mit den Fingern tupfen und Rundungen malen. Ihr könnt euch gegenseitig malend auf dem Blatt berühren. Das Summen oder Singen eines Liedchens mit dem Text über das, was ihr macht, verstärken den entspannenden Effekt. Später nach dem Trocknen hängt ihr euer Werk auf und die Erinnerung „Das habe ich zusammen mit ... gemacht" ist eine gemeinsame Belohnung für dieses Flow-Erlebnis.

Kneten interessiert fast jedes Kind. Zeigt es eine Abneigung, steckt eventuell eine Empfindungsauffälligkeit des Tastsinns dahinter. Unter dem Kapitel taktile Wahrnehmung wird darauf eingegangen. In solchen Fällen habe ich das Kneten nicht vermieden, sondern unterschiedliche Materialien angeboten. Der kühle Naturton fühlt sich anders an als der trockene Salzteig oder die weiche Kinderknete. Bienenwachsknetmasse lockt mit ihrem Duft und ihrer Geschmeidigkeit. Eventuell hat das Kind eine Vorliebe hinsichtlich Konsistenz, Temperatur oder Farbe und lässt sich so auf das Knetspiel ein. Es ist besser, auszuprobieren, wie ein Kind zu motivieren ist, als eine handmotorisch sinnvolle Förderung nicht durchzuführen.

Bei einer anhaltend ablehnenden Haltung meines Schützlings Carsten beobachtete er, wie ich die neue leuchtend gelbe Knete hin- und herbewegte, sie mit der flachen Hand drückte und mit der Faust klopfte. Schließlich brach ich ein Stück ab, legte es auf den Tisch, um daraus mit Kreisbewegungen meiner flachen Hand eine Kugel zu formen. Diese rollte ich zu Carsten. Tatsächlich weckte sie seine Neugier und wir rollten die Kugel zwischen uns hin und her. Ich brach erneut ein Stück Knete ab, machte sie mit meinen Händen weich und reichte sie Carsten. Er versuchte, mit seiner Hand meine kreisenden Bewegungen nachzumachen. Dabei muss die Knete leicht gedrückt werden. Mit einer kurzzeitigen Führung der Hand konnte ich dies vermitteln. Zu guter Letzt hatten wir einige Kugeln fertig und unseren Spaß am Zurollen. Gemeinsam legten wir sie in ein Glas und verschlossen es. Beim nächsten Termin gestalteten wir daraus eine Raupe.

Möchtet ihr zu zweit eine Backstube einrichten? Beginnt mit einer kleinen Menge und stellt die Zutaten für den Salzteig zusammen:

- 1 Tasse Mehl, ½ Tasse Salz, ½ Tasse Wasser, 1 Teelöffel Öl

Ein feuchtes Tuch zum Abwischen und ein Handtuch liegen bereit. Falls Backen eine neue Erfahrung für dein Kind ist, lasse es die einzelnen Zutaten befühlen, den Finger eintauchen und schmecken. Keine Sorge, da der Teig viel Salz enthält, wird er nicht gegessen. Jetzt alles mit den Händen oder einem Holzlöffel in der Schüssel verrühren. Den Inhalt auf eine leicht bemehlte Tischfläche geben und zusammen oder abwechselnd kneten. Ihr sprecht darüber, wie sich der Teig anfühlt. Er verträgt ein kräftiges Kneten, ein darauf Klatschen mit der flachen Hand und Klopfen mit der Faust. Klebt er zu sehr, wird ein wenig Mehl dazu gegeben. Das Herstellen des Teiges ist schon eine tolle Aktion an sich. Er kann zu einer Kugel zusammengerollt und in Frischhaltefolie eingepackt in den Kühlschrank gelegt werden. Mit dem Teig lässt sich allerlei ausprobieren, formen, verwerfen und neugestalten. Je nach Erfahrung und Lust formt ihr Tiere, Blumen, Brote und Brezeln. Es lassen sich Kreise für eine „Pizza“ ausstechen und anderes. – Anschließend freuen sich die Hände auf das Waschen und Eincremen.
Später, nach dem Trocknen (1 bis 2 Stunden im Backofen bei ca. 50° oder einige Stunden auf der Heizung) wird das Gestaltete vielleicht angemalt.

Ein anderes Mal backt ihr zusammen Plätzchen oder Brötchen aus richtigem Teig. Lecker!

Da fällt euch sicher noch mehr ein …

Als ich Mirko kennenlernte, hatte er eine Vorliebe für Wasser. Oftmals verschwand der Fünfjährige aus seiner Kindergartengruppe, um im Waschraum zu platschen und zu spritzen. Daher verbrachten wir viele Monate der wöchentlichen Einzelförderung mit Wasserspielen. Ich stellte eine flache Schüssel, ein Tablett, unterschiedlich große durchsichtige Plastikflaschen mit leicht bedienbarem Schraubverschluss, Becher sowie Krug, Trichter, einen kleinen Schlauch und ein Sieb zusammen und Handtücher, damit nicht alles nass wurde.
Jetzt wurde nach Herzenslust das Wasser gemeinsam bis zum Rand umgefüllt. Wir ließen das Wasser überlaufen und gossen es durch den Trichter in Flaschen. Wir verwendeten Wasser mit unterschiedlichen Temperaturen. Die Flaschen wurden geschüttelt, der Inhalt in die Schüssel gegossen, manchmal gegenseitig über die Hände und dann wieder in den Krug und in die Flaschen. Dabei halfen wir einander, so dass die Flaschen nicht kippten und nicht zu viel verschüttet wurde.
Mirko konnte sich sehr gut während dieses experimentellen Spielens konzentrieren und gleichzeitig entspannen. Er öffnete sein Herz und sprach über seine Familiensituation. Durch die Trennung der Eltern und einen Umzug hatte er seine innere Stabilität verloren.
Ganz nebenbei lernte er Gegensätze wie voll – leer, wenig – viel – zu viel. Seine handmotorischen Fähigkeiten verbesserten sich. Er entwickelte eigene Ideen und setzte sie um. Nach und nach ließ Mirko sich auf andere Spielinhalte ein. Er freute sich über unsere gemeinsamen Aha-Erlebnisse und verhielt sich in der Kindergruppe ausgeglichener.

Jetzt, gleich oder später: Unkompliziert gemacht ist ein Handschaumbad. Aus Duschgel und etwas Handspülmittel drückt ihr einige dicke Tropfen in eine Schüssel, zwei Tassen lauwarmes Wasser darauf und kräftig mit dem Schneebesen schlagen. Wechselt euch dabei ab. Es entsteht ein milder weißer Schaum. Die Hände baden gern darin. Das Gesicht bekommt einen Bart. Auf den Kopf kommt ein Schaumhütchen. Auf dem Tisch entstehen weiße Wölkchen und wenn die Hände darauf klatschen beginnt es zu „schneien". Oder ihr malt mit dem Finger Linien und Kreise. Anschließend die Schüssel stehen lassen, bis der Schaum zusammenfällt. In einem Glas aufbewahrt wird diese Lauge später zum Putzwasser gegeben. – In der Badewanne ist ein Schaumbad natürlich auch ein schönes ganzkörperliches Erlebnis.

Darum geht's: *Erkenntnisse, die das Kind durch Creme, Sand, Knete usw. gewinnt, sind ein wahrer Erfahrungsschatz. Durch das Hantieren erspürt es Eigenschaften des Materials. Es lernt, mit den Fingern zu sehen. Dein Kind staunt über die Gestaltungsmöglichkeiten, die es selbst durch sein Tun bewirken kann. Es begreift im wahrsten Sinn des Wortes physikalische Eigenschaften wie trocken und nass, fest und formbar, weich und hart. Und ihr beide kommt ins Gespräch darüber, wie sich das Material anfühlt, wie es riecht und aussieht und was ihr damit machen könnt.*

Drehen – Schrauben – Stecken

Dein Kind stellt fest, wie etwas funktioniert.

Erinnerst du dich noch an den farbenfrohen Bechersatz, der zu dem ersten Spielzeug deiner Kindheit gehörte?

Schon dem Baby kannst du die kleinen Becher anbieten und sie drehen, rollen und kreisen lassen. Schließlich steckst du einen kleinen in einen größeren Becher und nimmst ihn wieder langsam heraus. Dabei beobachtest du das Baby und steckst ihn nochmal hinein. Innehalten! Schaut das Kind dich erwartungsvoll an? Schiebe den Becher im größeren Becher etwas hin und her, so dass er ein Geräusch macht. Hole nur ein bisschen vom Becher hervor, schiebe ihn wieder hinein. Spannung! Dann ziehe den Becher heraus. Befrei-

ung! „Da ist er ja wieder!" Freude! Nochmal. Kann das Kind diese Handlung nachmachen? Dann bist du jetzt dran, erwartungsvoll zu schauen und das Hervorholen des kleineren Bechers abzuwarten.

Diese ineinander verschachtelten Spiele gibt es in vielen Variationen. Auch als „Puppe in Puppe" oder als Dosen und Schachteln zum Ineinanderstecken und als bunte Schraubfässer. Für die kleinen Kinderhände habe ich nur die kleineren Dosen benutzt.

Wenn du in eine Dose etwas hineinsteckst, sichtbar für die Kinderaugen, ist die Motivation groß, es wieder herauszuholen. Drehe den Deckel nicht zu fest. Das Kind braucht ein Erfolgserlebnis. Das Zuschrauben ist anspruchsvoller, denn Deckel verkanten schon mal. Hier ist das „zusammen Machen" hilfreich. Der Erwachsene führt dabei die Hände des Kindes zur Bewegung des Drehens, bis die Dose geschlossen

ist. Nur so viel führen wie nötig. Bei Wiederholungen weniger helfen, bis die Hände ohne Berührung über den Händen des Kindes schweben. Vielleicht kann es die Handlung jetzt eigenständig ausführen. Ja, dann freut euch zusammen über den Erfolg!

Achtung: Falls das Zuschrauben noch zu schwierig ist oder das Kind sich nicht führen lassen möchte, lasse diese Aufgabe noch weg und du schraubst die Dose selbst zu. Geeignete Dosen liegen in der Spielecke des Kindes bereit, so dass es sich immer wieder darin üben kann, wenn es möchte.

Für die Altersstufe der Ein- bis Zweijährigen werden sehr viele Steck- und Schraubspiele angeboten. Dazu gehört u. a. auch der Würfel, in dessen Aussparungen unterschiedliche Formen gesteckt werden sollen, oder die Pyramide. Kinder in diesem Alter lernen durch Nachahmung und Ausprobieren.

Handliche Wasserflaschen kannst du ebenfalls zum Auf- und Zuschrauben benutzen. Diese können zu einer anderen Spielzeit mit Materialien gefüllt werden oder für Wasserspiele herhalten. So greift eins ins andere.

Übrigens: Diese Gegenstände, die zum Entdecken einladen, gehören zu den Funktionsspielen. Nachdem Handlungen zunächst zufällig ausgeführt werden, erkennt das Kind, dass es selbst diese Funktion mit Absicht auslösen kann (vgl. Schenk-Danzinger 1971, S. 86 f.) und was es tun muss, damit ein bestimmter Effekt wieder und wieder auftritt. Erneutes Vormachen oder eine behutsame minimale Handführung unterstützen erfolgreiches Handeln. Das Kind benötigt aber grundsätzlich genügend Zeit, um sich selbstständig im Funktionsspiel zu üben. Das Lernen durch Versuch und Irrtum und das Lernen durch Ursache und Wirkung wird so angeregt. Aus der Feststellung, wie Dinge funktionieren, entwickelt sich das Konstruktionsspiel mit Materialien, aus denen etwas gestaltet wird. Dazu gehören z. B. die Duplo- und Legosteine.

Alles was gedreht, hin und her geschoben, gerollt und hineingesteckt werden kann ist so spannend, dass es beim Erstkontakt mit einem Kind wie ein Türöffner wirkt. Wer kennt nicht die Faszination einer Kugelbahn? Wenn Gegenstände mit zunehmender Geschwindigkeit eine Bahn hinabrollen, ist es für ein Kind ein großer Anreiz, dieses Rollen selbst zu bewirken.
Etwas vor den Augen des Kindes in Bewegung zu bringen eignet sich hervorragend als Ablenkung, wenn Wut und Zorn, Misstrauen und Ängstlichkeit das Kind daran hindern, sich auf ein Spiel einzulassen. Es hilft darüber hinaus, Frust und manchen kurzen Schmerz zu vergessen.
Ein attraktiver Gegenstand ermuntert am Ende der Spielzeit zu handmotorischen Tätigkeiten und wirkt wie ein kleines Geschenk. Für so ein besonderes Highlight lohnt es sich, die Augen aufzumachen: Was hast du dafür zu Hause? Entdeckst du etwas im Gartencenter oder Billigshop? So kaufte meine Schwester einen Dreha-

schenbecher in knalliger Farbe, fortan dient er als Zauberbecher. Kleine Teilchen drauflegen, auf den Drehmechanismus drücken und weg sind sie. Staunen! Nochmal!

Mein Favorit war ein Zahnradbrett. Immer wieder erwies es sich als ein anregendes Spiel beim Kennenlernen. Zuerst zeigte ich es aus der Entfernung und bewegte die Räder: „Ratsch, ratsch!“ Aufmerksam beobachtete das Kind mich und die Bewegungen. Ich nahm alle Zahnräder vom Brett. Zunächst gab ich dem Kind nur eines. Beim Erforschen stellte es fest, dass ein Finger durch das Loch passt. Dann versuchte es (manchmal half ich), das Zahnrad auf ein Stäbchen des Brettes zu stecken und schubste mit der Hand das Rad. Es drehte sich kurz. Das Kind stellte einen Zusammenhang zwischen dem Anstoß und der Drehbewegung her, ein echtes „Aha-Erlebnis"! Dann steckte es das zweite Rädchen auf und setzte es in Bewegung. Letztendlich verzahnten alle fünf Räder ineinander und alles drehte sich. Beim Drehen sagte ich „Ratsch, ratsch, ratsch" und „Stopp" und mit dem Finger am Mund „Psst"! Voller Erwartung schaute das Kind zu mir „Ratsch, ratsch, ratsch" und „Stopp" und „Psst" und von vorn.

Und so wird die ganze Palette der Spielkunst eingesetzt:

- Das Interesse und die Neugier wecken durch das Zeigen und Bewegen des Gegenstandes. Erwartungshaltung und Spannung aufbauen. Spaß und Freude am gemeinsamen Tun genießen.
- Das Kind motivieren, damit etwas zu machen: Anbieten des Gegenstandes – Beobachten des Kindes – Ausprobieren lassen – Beobachten – eventuell einen kleinen Impuls geben – Beobachten – kurz vormachen – dem Kind Zeit zum Nachahmen lassen – Beobachten – Ausprobieren lassen – Zeit zum Entdecken lassen – wiederholen, was das Kind gemacht hat – eventuell einen Impuls geben – usw.
- Sich selbst immer wieder zurücknehmen, das Kind machen lassen.
- Drehen und Schrauben ist eine anspruchsvolle handmotorische Herausforderung. Daher oft Blickkontakt zum Kind herstellen, zustimmend nicken, es ermutigen und sich gemeinsam über Erfolgserlebnisse freuen.

Dazu fällt dir sicher noch vieles ein ...

Beim Auffädeln von Kugeln und Perlen habe ich bei noch feinmotorisch ungeübten Kindern mit großen, handlichen Kugeln begonnen. Das Seil wurde in die Kugel gesteckt und durchgezogen. Klappte es, steckten wir einen Pfeifenputzer durch kleinere Kugeln, das gelang durch die starre Form gut. Die nächste Schwierigkeitsstufe war das Fädeln auf ein Band oder einen Schnürsenkel.
Beim Auffädeln können auch kleine Aufgaben gestellt werden, bei denen eine Reihenfolge beachtet wird, wie zuerst die runde Kugel, dann die eckige, jetzt wieder rund, dann eckig und dann ...? Oder es wird eine farbliche Reihe gebildet. Das gelingt in der Regel im vierten Lebensjahr.

Jetzt, gleich oder später: Das Auf- und Zuschrauben klappt prima mit Cremedosen. Sind sie noch gefüllt, bietet sich ein Riech-Fühl-Spiel damit an. Ein kleiner Tupfer Creme wird auf der Hand verstrichen. Die Handcreme riecht anders als die Creme für das Gesicht.
Sind die Dosen leer und ihr habt etwas zum Verstecken, ist das eine Aufforderung, das Aufschrauben erneut zu versuchen. Gemeinsam könnt ihr euch im „Verstecken-Aufschrauben-Zuschrauben-Finden-Spiel" steigern, indem ihre mehrere Dosen nutzt. So wird nicht nur eure Handgeschicklichkeit, sondern auch euer Gedächtnis besser.
Habt ihr im Kinderzimmer oder in der Küche noch andere Dinge für dieses Spiel?

Darum geht's: *Funktionsspielzeug zum Drehen, Schrauben, Stecken hat einen sehr hohen Aufforderungscharakter. Dein Kind braucht Zeit zum Ausprobieren, zum Versuchen und Fehlermachen. Bei Misserfolg wird es durch deine Gelassenheit, Geduld und deinen Zuspruch ermutigt, es erneut zu versuchen. Das Vor- und Nachmachen und eventuell eine umsichtige Zusammenarbeit unterstützen erfolgreiches Handeln.*

Entspannen – achtsam sein – zur Ruhe kommen

Du genießt mit deinem Kind Achtsamkeit und Geborgenheit.

Ist Spielen an sich nicht schon genug entspannend? Und spielt das Kind nicht den ganzen Tag? Weshalb noch dieses Thema?
Natürlich ist es richtig, dass das Spiel Stress abbaut und auch der Erholung dient. Aber nicht nur der große, auch der kleine Mensch ist Tag für Tag dem Alltag ausgesetzt. Familiäre Schwierigkeiten, Stress in der Arbeitswelt der Eltern, Konflikte im Umgang mit Gleichaltrigen oder Erziehungspersonen, Reizüberflutungen durch Umwelt und Medien, gesellschaftliche Ausnahmesituationen und Katastrophenmeldungen wirken sich auf das Wohlbefinden des Kindes aus.
Außerdem bedeutet Spielen für das Kind auch Lernen. Damit Körper und Geist zur Ruhe kommen und der Mensch sich achtsam selber wahrnimmt, braucht das Lernen Erholungspausen. Das leistet eine passive Entspannung, die als Nebeneffekt einer wiederkehrenden Handlung auftritt, wie bei Mirkos Spiel mit Wasser.
Aktive Entspannungsmethoden wollen dagegen bewusst ein zur Zur-Ruhe-Kommen erreichen, wie die Progressive Muskelentspannung (PMR), Autogenes Training, Yoga und Traumreisen. Spielerisch umgesetzt sind sie eine gute Möglichkeit, dem Kind Zuwendung, Achtsamkeit und Wohlbefinden zu geben. Entspannungsspiele habe ich oft am Ende einer Förderstunde durchgeführt, bei unruhigen oder emotional belasteten Kindern auch zwischendurch.
Da ein Kind schneller zwischen Ruhe und Bewegung wechseln kann, benötigt es in der Regel kürzere Entspannungsphasen als Erwachsene.

Beliebt sind Geschichten, die auf dem Rücken erzählt werden.
Bekannt ist das „Pizzabacken“. Dabei wird der Rücken mit den Händen geknetet, mit flachen Händen glattgestrichen und mit verschiedenen imaginären Zutaten belegt. Z. B. werden die „Tomaten“ einzeln und behutsam mit der Faust auf dem Rücken verteilt und das „Salz“ mit allen Fingern schnell gestreut.
Auch das Wetter mit passenden Bewegungen für leichten Regen, Platzregen, Gewitter und Sonnenschein kann auf dem Rücken „erzählt“ werden.

Eine Arm- und Rückenmassage gelingt mit Materialien aus dem Haushalt wie Bürsten, Holzlöffeln, Eierbechern, Trichtern, Teigschabern oder mit Sachen aus dem Spielzimmer wie Ball, Auto und Duplostein. Neben dem stillen Genießen kann auch miteinander geklärt werden, wie die Massage wohltuend ist: „Drücke bitte noch mal auf die Schultern!“ – „Die kreisenden Bewegungen finde ich schön.“ – „Machst du das schnelle sanfte Klopfen noch einmal?“ Oder die Frage: „Rate mal, womit massiere ich dich?“
Das Berühren über ein Material hilft einem Kind mit Scheu vor direktem Kontakt, sich auf die Entspannung einzulassen.

Da fallen euch sicher noch viele Möglichkeiten ein …

Ganz bewusst kommt ihr zwei zur Ruhe, indem ihr Mandalas gestaltet. Ein Mandala ist ein Kreis oder Bild, das um die Mitte orientiert ist. Das Malen oder Legen von Mandalas hat auf Menschen eine beruhigende Wirkung. Es fördert die innere Konzentration. Sonnenblumen oder Baumjahresringe sind Beispiele für Mandalas, die in der Natur vorkommen. Mandalas können gemalt, gezeichnet oder aus Materialien gelegt werden.

Eine sehr berührende Erinnerung habe ich an Patrick. Der fast Fünfjährige fiel in der Kindergruppe und im familiären Umgang durch ein unruhiges, bisweilen auch ungestümes Verhalten auf. Die Aufmerksamkeitsspanne war kurz, er begann ein Spiel, beendete es aber nicht, sondern widmete sich erneut einer anderen Spielaktion. Dabei war das Interesse an gemeinsamen Spielaufgaben und kreativen Tätigkeiten durchaus vorhanden. Die Schaffung von Erfolgserlebnissen durch konzentriertes Fertigstellen einer Aktivität war also ein wichtiges Förderziel.
An einem Herbsttag sammelten wir draußen in einem Korb Eicheln und Kastanien, die wir säuberten und zum Trocknen auslegten. Mit viel Eifer und Ausdauer war Patrick dabei. In der folgenden Woche brachte ich kleine Körbchen und einen hölzernen Turnreifen mit. Wir sortierten zunächst unsere getrockneten Naturmaterialien. Dann legte ich einige Blätter und Eicheln in die Mitte des Kreises. Allein durch Blickkontakt ermunterte ich Patrick mitzumachen. Ab jetzt hielt ich mich zurück und staunte, wie selbstvergessen das Mandala Gestalt annahm. Durch nichts ließ der Junge sich ablenken, keine Nebengeräusche wirkten störend auf sein Tun. Zum Schluss, bevor wir alles wieder einpackten, ließ ich ihn auf einen Stuhl steigen, um sein Werk von oben zu betrachten. Patrick ging sehr ruhig und zufrieden in seine Kindergruppe zurück. „Das war aber schön heute", sagte er strahlend. Darauf ließ sich eine sehr gute Frühförderarbeit mit vielen weiteren Mandalas aufbauen.

Gemeinsames Entspannen gelingt auch, indem du und das Kind ganz ruhig und ohne zu sprechen zusammensitzt. Ihr stellt fest, dass ihr vieles hört, wenn die Augen geschlossen sind. Warmes Kerzen- oder Lampenlicht schafft eine wohlige Atmosphäre. Stille bedeutet auch eine gewisse Spannung. Zusammen bemerkt ihr, dass ihr euch gut konzentrieren könnt. So wartet ihr, bis der Kreisel aufgehört hat sich zu drehen, beobachtet eine Feder oder Seifenblase, wie sie langsam auf den Boden fällt oder horcht auf den Ton einer Klangschale, bis er nicht mehr zu hören ist. Vielleicht hört ihr beim Stillsitzen ja auch sanfte, ruhige Musik. Es gibt sogar spezielle Entspannungsmusik für Kinder.

Schöne Fotos inspirieren zum stillen Betrachten und ruhigen Gedankenfluss. Dabei könnt ihr sitzen oder liegen. Falls ihr ein Wolkenbild anschaut, kannst du die Traumreise einleiten, indem du erzählst, wie du dir vorstellst, dass eine Wolke am Himmel vorbeizieht:
„Die Wolke öffnet und teilt sich, jetzt sind es zwei *(damit beziehst du das Kind ein)*. Die Wolken ziehen vorbei. Sie geben Sonnenstrahlen frei. Sie wärmen die Erde und unsere Körper. Wir versuchen, die Augen zu schließen und spüren, wie wohlig warm sich unser Gesicht anfühlt. Alle Gedanken schweben wie die Wolken davon. Zart streichen wir mit den Händen über unser Gesicht. Wir stellen uns einen blauen Himmel vor. Wir verabschieden uns in Gedanken vom Himmel, der Sonne und den Wolken *(jetzt noch kurz in Ruhe verharren)*. Wir recken und strecken uns, machen Fäuste und öffnen sie schnell. Wir öffnen die Augen und kommen wieder zurück in diesen Raum. Wir fühlen uns erfrischt und ausgeruht."
So ähnlich kann eine Traumreise mit jedem stimmungsvollen Bild gestaltet werden. Tauscht euch nach solch einer Reise miteinander über eigene Emp-

findungen aus. Es ist hilfreich, wenn du beginnst, von deinen Gefühlen und Gedanken zu erzählen. Damit machst du dem Kind Mut seine Gefühle auszudrücken.

Übrigens: Zur-Ruhe-kommen ist nach Bewegungsübungen sinnvoll. Die körperliche Ermüdung weckt das Bedürfnis nach Entspannung. So kann dein Kind wieder Kraft schöpfen. Durch die Ankündigung, dass das Turnen bald vorbei ist, wird die Ruhephase eingeleitet. Die Bewegungen werden langsamer ausgeführt und deine Stimme wird leiser. Eine Traumreise sollte nicht lang sein, wenige Sätze reichen.

Körper belegen: Das Kind liegt in Bauch- oder Rückenlage. Eine leichte Decke bedeckt den Körper. Er wird mit Postkarten oder Bierdeckeln belegt. Sterne oder Blumen aus verschiedenen Materialien, gern selbstgebastelt, erhöhen die Motivation. Sie sind auch für die Person, die auflegt, eine schöne Materialerfahrung. Jedes einzelne Teil wird mit etwas Druck auf dem Körper ablegt, damit diese Stelle auch wahrgenommen wird. Nach dem Belegen Zeit zum Träumen lassen. Evtl. eine kurze stimmungsvolle Geschichte erzählen oder sanfte Musik dazu abspielen. Am Ende wird die Decke mitsamt den Materialien sehr langsam weggezogen oder jedes einzelne Teil wird wieder abgenommen.

Säckchen mit Kastanien, Bohnen, Kirschkernen oder Sand gefüllt, die kurzeitig auf den Körper, die Füße oder Hände gelegt und massierend bewegt werden, vermitteln schon den ganz Kleinen ein wohliges Körpergefühl.

Da fällt euch sicher noch vieles ein …

Das wechselseitige Geben von Achtsamkeit tut beiden gut. Schön ist es, wenn das Kind auch die Entspannung bei dem Erwachsenen durchführt. Es hört sich angenehm an, wenn es sanft zu dir sagt: „Schließe die Augen" oder „Du liegst auf einer bunten Wiese". Es macht das in der Regel einfühlsam und behutsam. Gebe eine kurze Rückmeldung, falls es, eventuell bei einer Massage, zu grob ist. Bist du der/die Ausführende, stelle leise Fragen, wie „Ist das angenehm? Fühlst du dich wohl?", „Spürst du genug? Darf ich fester drücken oder weniger fest?". So lernt das Kind, auf Empfindungen des anderen zu achten und seine eigenen in Worte zu fassen.

Übrigens: Es ist gar nicht so leicht, unser Fühlen auszudrücken. So sind die Bezeichnungen „angenehm", „unangenehm" oder „behutsam" wenig geläufig. Überlegt doch mal gemeinsam Wörter für das „Wohlfühlen" oder „Sich-Nicht-Wohlfühlen."

Geschlossene Augen unterstützen zwar den Entspannungseffekt, kleinen Kindern fällt dies aber oft schwer. Sage: „Versuche, die Augen zu schließen." Möchte dein Kind das nicht oder es gelingt nur kurz, sieh darüber hinweg. So wichtig ist es auch wieder nicht.
Nach jeder Entspannung bitte nicht sofort aufstehen. Zuerst die Zurücknahme einleiten mit Worten wie: „Du kommst jetzt allmählich wieder in diesen Raum zurück", „Du streckst und räkelst dich, wie eine Katze und setzt dich langsam hin". Dem Kind Zeit lassen im „Hier und Jetzt" anzukommen.
Weitere entspannende Körper- und Bewegungsübungen findest du im Kapitel „Yoga – Kinesiologie – Eutonie".

Progressive Muskelrelaxation, kurz PMR, bedeutet voranschreitende Muskelentspannung. Entwickelt wurde sie vom Arzt Edmund Jacobson. Nacheinander werden Muskelgruppen im Wechsel wenige Atemzüge lang angespannt und entspannt. Dadurch wird ein tiefer Ruhezustand erreicht. Die muskuläre Entspannung fördert die seelische Entspannung und umkehrt. Besonders hilfreich ist das bei ängstlichen und aufgeregten Menschen, z. B. vor Prüfungen. Da sie einfach zu erlernen ist, können auch Kinder gut damit zurechtkommen. Je älter das Kind, desto mehr wird auf bildliche Vergleiche verzichtet. Durchgeführt wird PMR im Sitzen oder Liegen. In akuten Stresssituationen können Hände oder Füße angespannt und losgelassen werden. Das hilft.

Kindgemäße Anleitung *(die Bezugsperson macht mit)*:
„Stell dir vor, du hast in einer Hand, rechts oder links ist egal, einen nassen Schwamm. Du drückst ihn aus, indem du eine Faust machst. Noch ein bisschen drücken. Aber nicht so fest, dass es weh tut. Und jetzt schnell deine Faust öffnen. Du schüttelst deine Hand aus. Einige Male ein- und ausatmen. – Der Schwamm ist noch feucht und du drückst ihn mit der anderen Hand aus. Noch etwas fester. Schnell die Faust öffnen und die Hand ausschütteln. – Jetzt stellst du dir vor, wie du in beiden Händen einen Schwamm hast. Du winkelst deine Arme bis zu deinen Schultern und spannst sie fest an, die Schwämme drückst du. Ein bisschen fester und loslassen. Die Arme und Hände schlackern. Das fühlt sich gut an.
Jetzt denke an dein Gesicht. Stelle dir vor, du trinkst Zitronensaft. Der schmeckt so sauer. Deine Gesichtsmuskeln ziehen sich zusammen. Die Lippen pressen aufeinander. Die Nase wird kraus. Die Augen ziehen sich eng zusammen. Noch ein bisschen mehr zusammenkneifen, dann machst du den Mund schnell auf und öffnest die Augen. Wunderbar glatt fühlt sich jetzt dein Gesicht an. Streichle dein Gesicht. Noch einmal machen!
Jetzt schaue zu deinen Füßen. Mache lange Beine und ziehe die Zehen eines Fußes zu dir hin. So wird dieses Bein ganz fest. Noch etwas mehr ziehen. Dann lockerlassen, auch die Zehen. Bewege den Fuß ein wenig. Dann die Zehen des anderen Fußes anziehen und lockern. Und noch einmal mit beiden Füßen gleichzeitig.
Und jetzt schließen wir beide für einen Moment die Augen und genießen das schöne Gefühl der Entspannung. – *Einen Moment Stille!* – Dann recken und strecken wir uns und kommen zurück in diesen Raum."

Jetzt, gleich oder später: Diese Massage gefällt in der Regel kleinen und größeren Kindern. Zuerst den Text sprechen und die Bewegungen an deinen Armen zeigen. So kann sich das Kind darauf einstellen. Du wiederholst den Text und berührst die Arme und den Rücken des Kindes. Du massierst mit den Fingern, mit den Handflächen und Fäusten den Rücken, die Schultern und Arme. Dazu sprichst langsam und sanft den folgenden oder einen ähnlichen Text:

Es kribbelt und krabbelt auf der Haut.
Sanftes Streicheln wird aufgebaut.
Kneten, kneten, das tut gut.
Klopfen, klopfen, das geht ins Blut.

Einen Moment mit den Händen verweilen und nachspüren lassen.
Danach krabbelt das Kind über deine Arme und den Rücken, wenn es dies möchte. Falls nicht, massierst du einfach deine Arme und Schultern selbst. Den Text sprichst du mit.

Darum geht's: *Eine Flut von Sinnesreizen aus der Umwelt, hohe Leistungserwartung und Belastungen führen zu innerer Unruhe und Verspannungen. Zu zweit entspannen, achtsam sein, zur Ruhe kommen, hilft wieder ins Gleichgewicht zu kommen. Indem ihr beide euch Ruhepunkte schafft, wird Stress im Alltag leichter abgebaut. Zusammen geht ihr den Weg zu mehr Gelassenheit.*

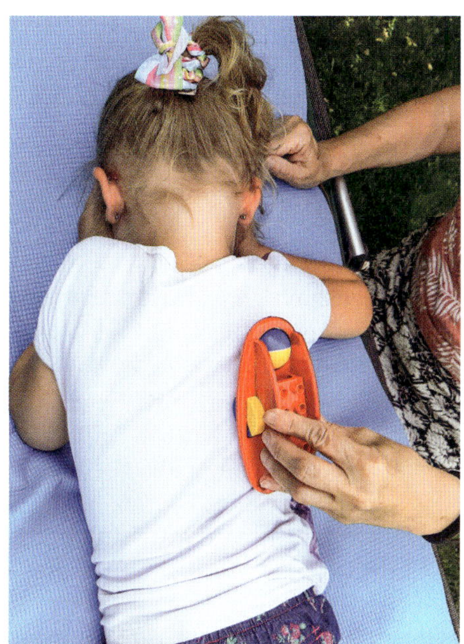

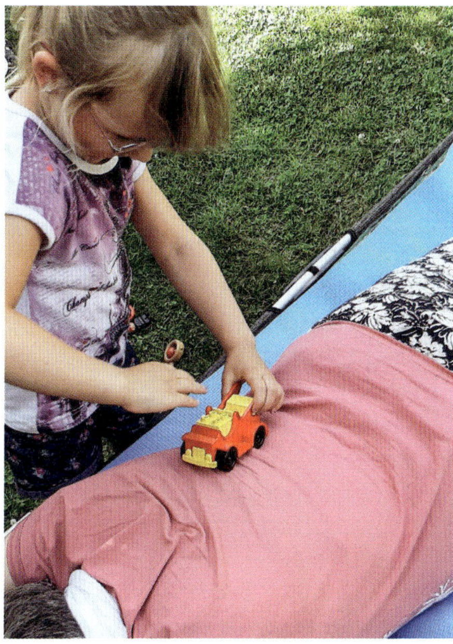

Erzählen – Vorlesen – Betrachten

Bei dir und deinem Kind entstehen innige Vorlesegefühle.

Bei uns zu Hause lag immer ein Buch auf dem Tisch. Unser Vater war in einem Buchclub. Die schön eingefassten Bildbände waren für mich als kleines Mädchen zu schwer und kostbar, um sie alleine durchzublättern. So war es mir eine Freude, wenn ich auf Papas Schoß am Tisch saß und wir zusammen im neuen Fotoband blätterten. Er zeigte mir Abbildungen aus fernen Ländern und erklärte mir die Welt. Kam eine neue Lieferung, wechselte auch das Buch auf dem Tisch.

Ein Erwachsener und ein Kind sitzen nah beieinander, schauen sich ein Buch an und erzählen, was auf den Bildern zu sehen ist. Das ist doch der Inbegriff der Geborgenheit.

Klar, dass auch wir Eltern oft mit unseren Kindern zusammen Bilder betrachteten und unser Wissen teilten. Noch heute liegt bei uns immer ein Buch auf dem Tisch.

Schon für das erste Lebensjahr gibt es Bilderbücher. Zuerst aus Stoff, weich und waschbar und dann aus dicker, robuster Pappe, damit die Seiten gut umgeblättert werden können. Ein Bilderbuch gehörte für jedes Förderkind in meine Tasche und sollte in keinem Haushalt mit Kind fehlen. Zum leichteren

Erkennen der Abbildungen habe ich bei kleinen Kindern ab und zu reale Gegenstände dazu gezeigt, Kindern mit handmotorischem Handicap wurde mit geklebten Klötzchen auf den Seiten das Umblättern erleichtert.

Das gemeinsame Betrachten eines Bilderbuches habe ich oft bewusst ans Ende der Stunde gelegt, als Abschluss und um zur Ruhe zu kommen. Es ergaben sich mit Hilfe der Bilder so manches Mal schöne Unterhaltungen über die vorangegangene Spielsituation.

Als unsere Kinder ca. 3 Jahre alt waren, habe ich ihnen ein Funktionsbilderbuch genäht. Es war viel Arbeit, aber sie hat sich gelohnt. Hier werden Kirschen aus Filz mit Klettband „vom Baum gepflückt". Autos fahren in die Garage und ein Zelt mit Reißverschluss kann geöffnet und geschlossen werden. Trockene Wäsche wird von der Leine in den Korb gesteckt. Am Mantel einer herausnehmbaren Fingerpuppe wird das Aufknöpfen geübt. Dieses Bilderbuch erwies sich auch in der Förderung als Türöffner.

Da die Frühförderung durch das Familiengericht angeordnet war, begegneten mir die Großeltern der vierjährigen Jessica beim ersten Termin äußerst skeptisch und abweisend. Ich habe mich nicht mit den Formalitäten aufgehalten, sondern mich neben das scheue Kind gesetzt, mein Buch herausgekramt, es kurz geöffnet und wieder zugemacht. Jessica wurde neugierig, vorsichtig half sie mir beim erneuten Öffnen. Auf der ersten Seite war dieser Teddybär mit weichem Fell und roter Schleife. Dann, die nächsten Seiten! Hier verstellte ich die Zeiger einer Uhr und dort aus dem aufgenähten Täschchen gab ich ihr Papier und Stift und so weiter und so weiter. Gesprochen hat Jessica nicht, aber mein Vormachen beobachtet und mit einem Lächeln nachgemacht. So konnte ich viele ihrer Fähigkeiten erkennen. Die Stunde war im Nu vorbei. Das Zusammenspiel sprach für sich. Das Eis war gebrochen. Das Mädchen und die Großeltern akzeptierten mich. Beim nächsten Termin wurde ich wohlwollend begrüßt.

Dieses Buch fasziniert Kinder. Es bietet spannende Funktionen, ermuntert zum sprachlichen Austausch und gemeinsamen Handeln. Übungserfolge in der Handhabung und der sprachlichen Ausdrucksfähigkeit sind das Ergebnis. Heutzutage gibt es im Buchhandel Mitmachbücher zu kaufen, so dass nicht selbst zu Nadel und Faden gegriffen werden muss.

Gern habe ich auch mit Geschichtensäckchen gespielt. Dazu wird ein Säckchen, eine Schachtel oder ein Körbchen mit Tierfiguren, kleinen Dingen aus Holz, Playmobil- oder Legopüppchen und anderen Kleinigkeiten gefüllt. Nach dem Auspacken und dem gemeinschaftlichen Aufbau genügen vorerst kurze Feststellungen wie „Ein Mann und eine Frau arbeiten im Garten" oder „Auf dem Bauernhof leben viele Tiere". Ihr erfindet zusammen kleine Geschichten, der Aufbau der Utensilien verändert sich entsprechend. Sollte das Ausdenken dieser Spielsequenzen zunächst Schwierigkeiten bereiten, kann ein Blatt mit einer beschriebenen Handlung in das Säckchen gelegt werden. Dabei ist darauf zu achten, dass die Figuren im Säckchen zur Erzählung passen. Die Geschichte wird entsprechend dem Spielverständnis des Kindes gekürzt oder erweitert.

Geschichte Bild 1:

Eine Frau und ein Mann arbeiten im Garten. Dort ist ein Gewächshaus. Auf dem Beet wachsen Blumen. Die Frau gießt die Blumen. Das Wasser tut den Blumen gut. Der Gärtner harkt die Erde mit einem Rechen. Das lockert den Boden. Am Abend sind der Mann und die Frau müde von der Gartenarbeit.

Geschichte Bild 2:

Ein Bauer hat viele Tiere. Die laufen frei herum. Der Mann geht zum Baumarkt und kauft viele Zaunteile. Zu Hause baut er alle Teile zusammen. Jetzt hat er ein Gatter für die Schweine und ein Gatter für die Kühe. Der Hahn kräht und das Huhn gackert aufgeregt.

Die größeren Kinder mögen es, Fotos, auch von sich selbst, zu einer folgerichtigen Geschichte zu legen. Etwa so: Zuerst holt das Mädchen zwei Gießkannen mit Wasser. Das Bäumchen wird in ein Loch gesetzt und gegossen. Der leere Topf ist jetzt ein Versteck.

Sehr ansprechend sind Bilderbücher aus stärkerer Pappe, die anschaulich Begebenheiten aus dem Alltag kleiner Kinder zeigen und erste Geschichten erzählen. Ich denke da an „Die kleine Katze“ oder „Mein Teddybär“. Die kindgerechten, klaren

Abbildungen laden zum Benennen, Beschreiben und Fragenstellen ein, wie „Wo ist denn der Ball geblieben? oder „Siehst du auch den kleinen Käfer?". Klassiker von Eric Carle „Die kleine Maus sucht einen Freund" oder „Die kleine Raupe Nimmersatt" gemeinsam zu betrachten, macht immer wieder Freude. Kinder lieben Wiederholungen auf jeder Seite wie: „Und satt war sie noch immer nicht!"

Nachspielen oder Malen und Basteln zum Thema verankern das Wahrgenommene. Dabei ist gut darauf zu achten, dass auch ein kleines oder ein Kind mit einer Entwicklungsverzögerung das Gestalten ohne allzu viel Hilfe bewältigen kann.

Mit den Vorschulkindern können die namhaften Bilderbücher mit komplexeren Botschaften angeschaut werden. „Fredrik" und „Swimmy" von Leo Lionni oder auch „Lauras Stern" von Klaus Baumgart sind solche Lieblingsbilderbücher. Bitte nicht nur vorlesen, sondern sich gegenseitig erzählen, was die Bilder zeigen! Am Ende die Geschichte zusammen mit dem Kind wiedergeben. Dann erfährst du, was das Kind aufgenommen und ob es die Botschaft des Buches verstanden hat.

Bilderbücher, die eine vorher durchgeführte Aktion zum Thema haben, vertiefen das Geschehen und fassen es gleichzeitig sprachlich zusammen. So kam das Bilderbuch „Beste Freunde", in dem drei Kinder mit Pappkartons spielen, sehr gut nach dem Spiel mit Kartons an.
Vom Glück, zu zweit zu sein, handelt auch das Bilderbuch „Großer Wolf und kleiner Wolf". Na, das ist doch unser Thema!

Da fällt euch sicher noch vieles ein ...

Bilderbuchbetrachtungen, Märchen, Erzählungen und Vorlesegeschichten erweitern den Wortschatz und die sprachliche Ausdrucksfähigkeit enorm. Schon immer lieben Kinder Gutenachtgeschichten. Bei diesem abendlichen Ritual haben sie einen lieben Menschen noch mal ganz für sich.

Übrigens: Die Stadt- und Gemeindebüchereien halten ein umfangreiches Sortiment an Bilderbüchern und Spielen zum kostenlosen Ausleihen bereit. Für meine Frühförderung habe ich mir dort so manches Exemplar passend zum Spielthema geborgt. Auch das Kind wird es mögen, sich ein Buch auszusuchen, mit dir anzu-

Einfach zwischendurch mit Oma oder Opa ein Bilderbuch zu betrachten, gefällt der Enkelin.

schauen und beim nächsten Besuch ein neues auszuleihen. In unserer Bücherei gibt es samstags sogar eine Vorlesestunde. Eine gute Gelegenheit, Kinder an Bücher heranzuführen.

Kinder mit Konzentrationsproblemen oder Bewegungsunruhe haben mitunter Mühe, einer Geschichte zu folgen. Stattdessen finden vielleicht Themen aus einem Bilderlexikon Anklang. Es können hier die Seiten aufgeblättert werden, die das augenblickliche Interesse des Kindes treffen. Wissen wird anschaulich vermittelt und die Aufmerksamkeitsfähigkeit gestärkt. Nils und ich unterhielten uns einmal so intensiv über die Dinosaurier im Buch, dass die Förderstunde plötzlich vorbei war.

Ein Angebot bitte nicht aus dem gemeinsamen Spielprogramm nehmen, falls es beim Kind momentan nicht ankommt. Vielleicht hatte es nur einen schlechten Tag und ist in einigen Wochen begeistert von dieser Geschichte. Einfach wiederholt anbieten!

Und wenn ein Kind einer Erzählung im Buch inhaltlich nicht folgen kann? Na, dann betrachtet ihr die Bilder zusammen und du erzählst mit eigenen Worten verkürzt, um was es geht. So wird die Aktion erfolgreich beendet und das nächste Mal bietest du diesem Kind ein etwas leichter verständliches Buch an.

Jetzt, gleich oder später: Schaut euch die Fotos in diesem Kapitel zusammen an. Stellt euch gegenseitig Fragen. Kennst du eins der Bilderbücher? Ist auf einem Bild eine Katze zu sehen oder sogar auf zwei Fotos? „Zeig mir doch mal einen Teddy!", „Ich habe auch einen entdeckt.", so oder anders kann euer Dialog aussehen!
Unterhaltet euch über eure Lieblingsbücher oder Märchen. In jeder Generation gibt es da unterschiedliche Favoriten.
Habt ihr noch Fotoalben im Haus? Es ist schön, Erinnerungen auszutauschen, sich gegenseitig von Erlebnissen zu erzählen oder Leute und Orte wiederzuerkennen. Auch mit einem Tablet oder Smartphone könnt ihr es euch zusammen kuschelig machen und Fotos mit einigen Klicks hervorzaubern.
Und vielleicht liegt ja sogar ein Buch auf dem Tisch ...

Darum geht's: *Durch das gemeinsame Erzählen, Vorlesen, Betrachten entsteht ein intensives Gefühl der Verbindung. Dein Kind nimmt deine Stimme, das gegenseitige Zuhören, das Zeigen und Beschreiben der Bilder, die Berührung und körperliche Nähe mit allen Sinnen auf. Zusammen taucht ihr beide konzentriert in eine Geschichte ein und teilt die Geschehnisse im Buch. Die sprachlichen Ausdrucksmöglichkeiten, der Wortschatz und Satzaufbau werden erweitert.*

Farben – Größen – Formen

Dein Kind entdeckt, dass Dinge zusammengehören.

Förderung der visuellen Wahrnehmung ist ein großes Thema im vorschulischen Bereich. Schon bei den ganz Kleinen geht es darum, dass die richtige Form in ein Loch des Würfels oder Steckbretts gesteckt wird. Oder bei den ersten Regelspielen mit dem Farbwürfel gewinnt, wer als Erste alle Farben zugeordnet hat. Unterschiede in Farbe, Form, Größe zu differenzieren ist für die Entwicklung wichtig. In der Zeit zu zweit wirst du feststellen, dass dem Kind der zunehmende Erfahrungsschatz und die Steigerung des Schwierigkeitsgrades Spaß macht. Das ist spielerisches Lernen.

Ich muss dabei an Sascha denken. Der Dreijährige zeigte sich interessiert an Autos und Bauklötzen, aber noch nicht an Farben. Außerdem war sein Bewegungsdrang so groß, dass nicht daran zu denken war, ein altersgerechtes Farbregelspiel erfolgreich zu Ende zu führen.

Zu Beginn unserer Förderstunde tobten wir uns beide durch Hüpf-, Lauf- und Versteckspiele müde. Danach spielten wir auf dem Boden mit roten, blauen und gelben Autos, die wir nach und nach auf dem Tisch ablegten. Wir setzten uns daran, so hatte die Spielfläche eine Begrenzung, Saschas Ablenkbarkeit auch. Auf dem Tisch standen ein umgekehrter roter, gelber und blauer Teller. Die Autos standen abseits. Jetzt fuhr ich das blaue Auto mit Fahrgeräuschen zuerst zum roten Teller, schüttelte den Kopf, drehte um und fuhr zum blauen Teller, dem Parkplatz für blaue Autos. Sascha fuhr mit dem roten Auto zuerst zum blauen Teller. Ich zeigte ohne Worte mit dem Finger auf den roten. Sascha begriff schnell und korrigierte sich. So erreichten nacheinander alle Autos den passenden Parkplatz – ein Erfolgserlebnis.

Sascha machte gute Fortschritte in der Farbzuordnung. Einige Termine später hatte ich vier Teller (rot, gelb, blau und grün) und das Farb- und Formenregelspiel Colorama dabei. Nach dem anfänglichen Bewegungsangebot legte ich diese Sachen auf den Tisch. Ich ermunterte Sascha, den Spielkarton zu öffnen. Das Spielbrett legten wir zur Seite, die vielen Formensteinchen schütteten wir aus den Plastiktüten in den Kartondeckel und rührten sie munter durcheinander.

Jetzt benutzten wir den Farbwürfel und unser Regelfarbspiel konnte beginnen. Würfelte ich Rot, legte ich eine rote Form auf den roten Teller. Würfelte Sascha Rot, Grün oder Blau, machte er es genauso. Es dauerte eine ganze Weile, bis wir fertig waren. Der Junge war bei der Sache. Ich hielt die Form an die Würfelfarbe „Rot zu Rot". Ich benannte zunächst nur die Farbe Rot (bei einer anderen Farbe sagte ich „nicht Rot"). Noch forderte ich ihn nicht auf, die Farben zu benennen. Das richtige Zuordnen war zunächst wichtiger. Die Plastikformen sortierten wir am Ende des Spieles farblich in die Tütchen und räumten alles ein. Schachtel zu. Fertig.

In einer der nächsten Spielstunden benutzten wir dann nach der Farbsortierung schon das Spielbrett und ordneten die Formen farblich ein. Da auf dem Spielbrett auch Formen eingestanzt sind, müssen die Farbsteinchen auch in diese eingeordnet werden. Das beherrschte Sascha nach dem Versuch-und-Irrtum-Prinzip schließlich ganz gut. Im weiteren Verlauf benannte er schon Farben und wir benutzten auch den Formenwürfel. Schließlich, nach einigen Vorübungen zum Mengenbegriff, setzte ich aus einem anderen Spiel auch einen Würfel mit Punkten bis zur Menge drei ein.

Um die Benennung von Eigenschaften zu fördern, suchten wir nach wechselseitiger sprachlicher Aufforderung ein dreieckiges, viereckiges oder blaues rundes Teil aus einem Eimerchen.

Diese Farb- und Formenregelspiele sind ansprechend gestaltet, fördern die visuelle Wahrnehmung und die Handmotorik. Sie lassen sich vielseitig einsetzen. Auch andere Regelspiele ermöglichen die alternative, entwicklungsgerechte und kreative Benutzung in der Spielzeit zu zweit.

Da fällt euch sicher vieles ein …

Das Zuordnen und Erkennen von Größenunterschieden fällt manchen Kindern nicht leicht. Als Material setzte ich bevorzugt Spielzeug ein, welches das Kind gerne mag. Jan liebte Tierfiguren und Bauklötze. Somit ordneten wir große und kleine Spieltiere nach ihrer aufsteigenden Größe. Bei anderen Kindern war es das Walzensteckbrett mit unterschiedlich großen Zylindern. Oder wir sortierten große und kleine Kugeln nach deren Umfang.

Es kann auch das bekannte Nimm-Gib-Spiel eingesetzt werden: „Gib mir den großen Bauklotz“ und dann „Gib mir den kleinen, runden Bauklotz.“. Dann erteilt dein Kind dir Aufträge. Der Rollenwechsel ist ja wichtig.

Spaß macht es, unterschiedlich große Schachteln oder Flaschen zu verwenden; zuerst wenige, dann mehrere. Sie werden der Größe nach in einer Reihe geordnet, später durcheinander aufgestellt. Wo ist jetzt die kleinste Schachtel? Oder wo ist die kleine Flasche? Und welche ist etwas größer? Und welche kommt dann?

Ansprechend gestaltete Kartenspiele, Puzzle, Arbeitsblätter erweitern das Erkennen und Zuordnen von Gegensätzen wie groß/klein, dick/dünn, nah/fern usw.

Jetzt, gleich oder später: Mit dem Kleinkind auf dem Arm oder Hand in Hand durch den Raum gehen. Was gibt es dort zu sehen? „Ach schau mal, da hängt ja ein Bild, ein großes Bild." Weitergehen und ein kleines Bild zeigen. Oder den Kalender anschauen, benennen und feststellen „Da sind ja gelbe Blumen." Vielleicht findet ihr noch mehr Dinge im Raum, die gelb sind, wie die gelbe Banane in der Obstschale. Oder ihr entdeckt etwas ganz Anderes beim Rundgang. Benennt ihr die Dinge, ist es sinnvoll, eine hervorzuhebende Eigenschaft sprachlich zu äußern.
Zusammen mit dem Vorschulkind siehst du dich im Raum um: „Ich sehe was, was du nicht siehst und das ist gelb." (warten) „Ein Tipp. Es ist lang" (warten) „Es kann geschält werden." – „Ah, die Banane!" Rollenwechsel! Ihr zwei spielt das „Zeigespiel": Zeige mir zwei Dinge im Raum, die rund sind, oder dreieckig oder quadratisch und gelb! Oder ihr legt im Spielzimmer alle Dinge, die rund sind, in eine Kiste. Was da alles zusammenkommt?

Darum geht's: *Das Kind lernt, Gemeinsamkeiten und Unterschiede von Farben, Größen, Formen wahrzunehmen, zu differenzieren und Oberbegriffen zuzuordnen. Das ist eine gute Voraussetzung für das spätere Erkennen von Buchstaben und Zahlen.*

Gedächtnis – Konzentration – Merkfähigkeit

Dein Kind übt *sich in aufmerksamer Beobachtung.*

Kinder lieben Memoryspiele und sie sind oft sehr gut darin. Für die Spielstunde gibt es viele Möglichkeiten von unterhaltsamen Gedächtnisübungen. Wir erinnern uns an auf dem Tisch liegende gleiche Karten und decken sie auf. Wer am Ende die meisten Paare hat, ist Sieger. Zur Ermittlung des Gewinners habe ich zusammen mit dem Kind die Karten gestapelt und sie verglichen. Welcher Stapel ist höher und hat gewonnen? Oder wir legten Reihen oder zählten die Kartenpaare.
Mit kleinen Kindern werden zuerst nur wenige Karten genommen. Erfolgserlebnisse sind wichtig. Der Erwachsene irrt sich auch manchmal ☺. Nach und nach steigert sich die Anzahl der Karten.

Merkfähigkeitsübungen werden auch Kim-Spiele genannt. Dabei betrachtet das Kind eine Weile eine Anzahl von Bildern oder Gegenständen und wir benennen sie. So prägen sie sich ein. Dann verdecken wir sie mit einem Tuch oder Blatt Papier. Jetzt entfernt die Spieleiter*in ein Teil unter dem Tuch. Die Gegenstände werden wieder sichtbar, aber welches fehlt? Das bereitet einigen Kindern Schwierigkeiten. Sie müssen sich gut konzentrieren und dürfen nicht abgelenkt sein. Nach und nach steigert sich der Schwierigkeitsgrad. Manchmal habe ich einen zusätzlichen Anreiz dadurch gegeben, dass das Kind ein entdecktes Bildchen behalten konnte. Eine Variante des Spieles ist es, wenn ein Gegenstand dazu gelegt wird. Na, was ist jetzt wohl neu?
Kim-Spiele sind mit vielen Materialien möglich. Sie erweitern den Wortschatz und die Fähigkeit, etwas zu beschreiben (z. B. es fehlt das rote, kleine, oder kratzige Teil). Am Ende der Spielrunde wird eine leichte Aufgabe gestellt, um das Spiel erfolgreich zu beenden.

In den Säckchen sind die Sachen nochmal versteckt und lassen sich durch Ertasten zuordnen. Da die Kinder gerne sehen, ob es richtig ist, die Säckchen nicht vollständig verschließen.

In vielen Förderstunden führte ich diese Art der Gedächtnisübung mit wechselnden Dingen durch. Das Wiedererscheinen der Gegenstände wurde durch langsames Wegziehen eines Tuches und mit einem Zauberspruch spannend gestaltet. Welche Freude, wenn das Kind das weggenommene Teil bemerkte. Und was für ein Spaß, wenn ich diejenige war, die raten musste, was fehlt. Es kam durchaus vor, dass ich so meine Mühe hatte und Tipps vom Kind benötigte.

Und manchmal fällt es einem Kind schwer, nicht zu verraten, was es weggenommen hat. Aber das lernt es mit der Zeit und der große Mensch tut so, als ob er nichts gehört hat oder legt kurz den Finger an den Mund: „Psst, nichts sagen!“

Gegenstände ertasten, zuordnen, benennen. Was fehlt? Was ist hinzugekommen?

Übrigens: Ein bewusstes und langsames Wassertrinken vor Gedächtnisspielen kann helfen, ruhiger und aufmerksamer zu werden. Übungen aus dem Yoga oder der Kinesiologie können ebenfalls die Konzentrationsfähigkeit steigern.

Ein Kooperations- und Memoryspiel zugleich ist „Obstgärtchen" von Haba. Der Rabe möchte die Kirschen haben, ihr zwei aber auch. Deshalb müsst ihr euch gut merken, unter welcher Blumenkarte der Rabe liegt und wo die Kirsche ist. Habt ihr zuerst alle Kirschen an den Baum gehängt oder ist der Rabe vorher da und holt sich die Kirschen? Für ein noch ungeübtes Kind gestaltest du dieses Regelspiel vielleicht etwas einfacher.

Weitere Spielmöglichkeiten zur Gedächtnisförderung:

- Ein Gegenstand wird sichtbar für das Kind in eine von mehreren Dosen gelegt. Dann kurz mit einem Tuch abdecken. Nach dem Wegziehen des Tuches soll das versteckte Teil gefunden werden.
  Steigerung: zwei oder drei Teile. Als Gegenstände eignen sich Kleinspielfiguren, Tausch- und Abziehbildchen, Streublümchen, Sterne, aber auch Dinge aus dem Spielregal und vieles mehr.
- Selbstgemachte Memorykarten können mit dem Kind aus zweifach vorhandene Kalenderbildern, Katalogen, Fotos, Abziehbildchen oder Postkarten gemacht werden.
- Es gibt auch Memoryspiele, bei denen die Kartenpaare von derselben Tierart sind, z. B. eine graue und eine braune Maus, Elefanten von vorne bzw. von der Seite sichtbar, eine Kuh sitzend oder stehend.
- Sich zusammen an Wörter erinnern: Ich nenne in einer Geschichte Tiere. Welches Tier habe ich genannt. Welches noch?

Da fällt euch sicher noch vieles ein …

Übrigens: Auf Flohmärkten gibt es oft sehr gut erhaltene Memoryspiele für wenig Geld zu kaufen. Spiele mit unbekannten Karten wecken die Neugier und erhöhen den Spielreiz.

Jetzt, gleich oder später: Damit das Erinnern erfolgreich ist, mit einer leichten Aufgabe beginnen. Das Kind schaut dabei zu, wie du ein kleines rotes Auto unter ein Kissen, eine Decke, in deinen Ärmel oder sonst wo ablegst. Jetzt das Kind ablenken, indem ihr in die Hände klatscht oder eine kleine Körperdrehung macht. Danach fragen „Wo ist das Auto?" oder auffordern: „Bringe mir bitte das rote Auto!" Gelingt es, werden zwei oder drei Gegenstände unter Beobachtung versteckt. „Und wo ist jetzt das rote Auto?" Es kann auch ein Doppelauftrag gestellt werden: „Bringe mir bitte das rote Auto und die Bildkarte?" Immer muss vorher gut gemerkt werden, wo was liegt. Klar, du kommst auch mal an die Reihe. Viel Spaß dabei!

***Darum geht's:** Ein gut ausgebildetes Gedächtnis ist die Basis der Lernleistungen. Es braucht Übung und Training. Das Kind stellt selbst fest, wie wichtig es ist, aufmerksam zu beobachten. Ist es konzentriert bei der Sache, kann es dir in der Merkfähigkeit mitunter überlegen sein. Vielleicht bist du ja auch manchmal zu sehr „abgelenkt" und brauchst ein bisschen Hilfe von dem noch kleinen Spielkind. Kann doch sein, oder?*

Handpuppen – Spielaktionen – Theaterspiel

Dein Kind überwindet Hemmungen und zeigt Empfindungen.

In meiner Kindheit habe ich es geliebt, das Spielen mit unseren Kasperlepuppen, wie wir Handpuppen damals nannten. Eine Tasche mit Handpuppen gehörte auch in der Frühförderung zu meinem Spielinventar. So manches Mal erwiesen sie sich

Wer ist auf den Fotos wohl der Hund Rudi?

Und das Wesen mit den langen Beinen, wer ist das?

Welche Handpuppen sind doppelt?

Wo ist das kleine Äffchen?

als Sprachvermittler bei scheuen und stillen Kindern. Durch sie konnten Sprechfreude, Wortschatz, Satzaufbau und Erzählstruktur erweitert sowie Handlungen aufgebaut werden. Manches Kind identifizierte sich mit dem klugen Kasper oder der mutigen Prinzessin. Die Handpuppen halfen, Ängste abzubauen, indem das Kind im Spiel Kontrolle über die böse Figur hatte. So verzauberte es die Hexe in einen Stein oder sperrte sie ins Gefängnis. Oder das Krokodil kam weit weg ins Gehege. Die Figuren erwiesen sich mitunter als Möglichkeit, Aggressionen herauszulassen.

Kasperle, ein Mädchen und ein Junge (deren Namen ich mit dem Kind auswählte), Prinzessin, Hexe, Krokodil, Bär und Hund brachte ich für einige Kinder sogar jede Woche mit. Das Zusammenspiel mit ihnen half, das sozial-emotionale Verhalten zu stärken.

So auch bei Emma, die noch nicht lange in der Frühförderung war. Emma vollzog zwar Handlungen wie das Puzzeln nach, aber nahezu stumm, mit ernster Miene und flüchtigem Blickkontakt. Es war mir noch nicht gelungen, eine Beziehung aufzubauen. Daher brachte ich Handpuppen und einen kleinen Ball mit. Zuerst holte ich die Prinzessin aus der Tasche, steckte meine Hand hinein, sie wünschte uns einen guten Tag. Ich erwiderte diesen Gruß. Emma lächelte. Die Prinzessin fand einen Platz neben uns auf dem Teppich. Jetzt stellte ich die Handpuppe Rudi vor. Ich setzte den Hund zur Prinzessin und wartete ein wenig. Wer kam nun? Eine Mädchenpuppe und ich nannte sie Mia. Emma schaute mich erwartungsvoll mit leuchtenden Augen an. Ich steckte meine Hand hinein, Mia-Puppe begrüßte alle. Emma beobachtete aufmerksam, wie ich die Hand herausnahm und die Mia-Puppe neben die Prinzessin setzte. So stellte Emma fest, dass die Hand wieder aus der Puppe genommen werden kann.

Die Prinzessin wollte mit Rudi, dem Hund spielen. Ich bot Emma diese flauschige Handpuppe an. Emma fasste Rudi an, steckte aber noch nicht ihre Hand hinein. Die Prinzessin (ich) sagte „Komm, wir spielen mit dem Ball“. Mia-Puppe (ich) spielte auch mit. Die Prinzessin rollte Mia den Ball zu und Mia zu Rudi. Ich wartete, ließ Rudi (also Emma) Zeit und deutete mit der Hand an, dass Rudi den Ball anschubsen soll. Was Emma lächelnd tat. Es ging hin und her. Emma ließ zu, dass ich ihre Hand in die Handpuppe steckte und ihr zeigte, wie sie bewegt wird. Es gelang ansatzweise, immerhin! Das Ballspiel ging munter weiter, bis die Prinzessin (also ich) meinte, dass sie müde sei. Mia fragte Rudi, ob er auch müde wäre. Emma als Rudi sagte „Ja“ und alle wünschten sich „Gute Nacht“. Ich legte die Handpuppen in die Tasche und zeigte auf uns: „Ich bin wieder Marlies und du bist wieder Emma.“

Diese drei Puppen und der Ball waren an den nächsten Terminen unsere Spielgäste, nach und nach kamen andere hinzu. Die Handpuppen sprachen miteinander. Und das Kind Emma sprach immer mehr mit mir.

Achtung: Nicht immer hilft das Aktionsspiel, Hemmungen oder Probleme zu lösen. Mitunter stecken komplizierte sozial-emotionale Konflikte hinter dem Verhalten eines Kindes, die sich im Spiel mit den Puppen zeigen. Traumatische Erlebnisse des Kindes bedürfen einer Therapie durch Fachleute!
Vorsichtig mit Interpretationen! Im Zusammenhang mit Verhaltensbeobachtungen und Schilderungen der Bezugspersonen kann das Spiel mit Handpuppen helfen, das Verhalten zu verstehen.

So können Handpuppenspiele gestaltet werden:

- Die korrekte Handhabung der Figuren nicht wichtig nehmen. Mit dem älteren Kind kannst du sie üben und Hilfestellung geben. Vorerst genügt es, dass die Puppe mit der Hand festgehalten wird.
- Das Theaterspielen kann ohne oder mit Bühne stattfinden. Mir reichte oft eine Bank oder ein Karton als Begrenzung. In erster Linie ist es ein Spiel für euch zwei. Es kann aber durchaus auf eine kleine Aufführung hingearbeitet werden.
- Entsteht ein Spiel spontan aus der Situation heraus bitte beachten, dass ein roter Faden entsteht, der eine Handlung aufbaut. Je jünger das Kind, desto kürzer der Spielinhalt, desto häufiger wird er wiederholt.
- Du kannst dem Kind eine Geschichte vorspielen und dein Kind seine. Erwarte nicht zu viel. So manches Kind wiederholt zum Teil stark verkürzt, was die erwachsene Person vorgespielt hat.
- Je jünger das Kind ist, desto einfacher sollten Handlung und Satzaufbau sein (wie bei den Geschichtensäckchen). Spielsequenzen werden wiederholt und ein komplexeres Geschehen mit der Zeit aufgebaut.
- Das Kind anregen, eigene Handlungen und Rollen zu erfinden. Erzählendes Spielen fällt manchen Kindern schwer. Falls es zu sehr stockt, bringe dich durch

Fragen und Vorschläge ins Spiel, indem du dich an die Handpuppe wendest. Zum Beispiel so: „Prinzessin! Rudi hat den Ball verloren, hast du ihn gesehen?"
- Ermutige das Kind, seine Ideen umzusetzen. Begründe, wenn sich eine Spielhandlung nicht verwirklichen lässt. Beziehe das Kind bei der Lösungsfindung mit ein. Und falls das nicht geht, lasse es zwischen zwei deiner Vorschläge entscheiden.

Jetzt, gleich oder später: Neben Handpuppen können auch Kuscheltiere, Puppen, Fingerpuppen und selbstgemachte Figuren zum Theaterspiel benutzt werden. Wer ist wer? Zuerst nur wenige Rollen verteilen. Falls eine Spielidee fehlt, beginnst du einfach mit dem Kind zu sprechen. Das Spiel entwickelt sich dann von selbst. Die erwachsene Spielperson übernimmt die Leitung, sie hat mehr zeitliche Übersicht.
Wichtig ist, dass euer Spiel ein gutes Ende hat. Durch eine abschließende Handbewegung und das Nennen eurer Namen wird deutlich, dass ihr wieder im Hier und Jetzt seid.

***Darum geht's:** Durch das Heranführen an das Theaterspiel lernt das Kind, sich mit erlebten Situationen auseinanderzusetzen. Es kann Gefühle ausleben und ausdrücken. Die Gefühlsreaktionen der mitspielenden Figuren lernt es zu verstehen. Die Handpuppen ermuntern das Kind, sich sprachlich mitzuteilen. Im Zusammenspiel entwickelt es Geschichten und deren kooperative Umsetzung.*

Ich-bin-Ich – Spiegelbild – Autonomiephase

Dein Kind bemerkt, dass es ein besonderer Mensch ist.

Kennst du das Bilderbuch „Das kleine Ich-bin-Ich“ von Mira Lobe? Es handelt davon, wie ein kleines Tier herausfindet, wer es ist und erkennt, dass es keinem bekannten Tier gleicht, sondern eben ein ganz besonderes Tier ist, das kleine Ich-bin-Ich. So ergeht es auch kleinen Kindern. Sie befinden sich in der Ichentwicklung und sind auf der Suche nach der eigenen Identität. Der Erwerb der Ich-Kompetenz bedeutet, dass das Kind sich von anderen Menschen abgrenzt. Es erkennt, dass es eigene Bedürfnisse, Fähigkeiten, Interessen und Gefühle hat. Es beginnt zu unterscheiden zwischen dem, was es tun möchte und dem, was es nicht tun will. Es entwickelt sich ein Wissen über die eigene Person.

Eine große Bedeutung hat dabei die sprachliche Kommunikation. So benennt sich das einjährige Kleinkind zunächst selbst mit seinem Vornamen. Das Zweijährige bezeichnet sich dann vielleicht schon als „Ich“.
In diesem Alter lässt es sich von einer weinenden Person emotional anstecken und weint ebenfalls. Das verstandesmäßige Hineinversetzen in die andere Person oder die Überlegung, wie es einen traurigen Menschen wieder zum Lachen bringen kann, ist im vierten Lebensjahr zu beobachten (nach: Kasten 2007, S. 147).

Ein Meilenstein der Entwicklung ist das Erkennen des eigenen Ichs im Spiegel. Im ersten bis zweiten Lebensjahr verhält sich das Kind beim Anblick seines Spiegelbildes so, als ob es ein anderes Kind sieht. Es versucht, sein Bild zu berühren oder in das Bild hineinzugehen. Das Ausdrucksverhalten gegenüber dem Spiegelbild ist bisweilen befangen und verunsichert, bis das Kind meist in der zweiten Hälfte des zweiten Lebensjahres erkennt, dass es selbst das Spiegelbild ist (vgl. Kasten 2007, S. 45).

Einige Spiegelbetrachtungen, die wiederholt gemacht werden, sind gut geeignet, die „Ich-bin-Ich“-Erkenntnis anzuregen:

Setzt euch beide vor einen Spiegel. Zuerst zeigst du, wie du dir einen Cremetupfer auf die Nase machst. Schaut das Kind dich fragend an, machst du ihm einen Tupfer oder ermunterst es, sich selbst mit Finger und Creme zu berühren. Dieser Cremefleck erscheint auch im Spiegelbild. Erkennt dein Kind, dass es selbst im Spiegel zu sehen ist? Ihr könnt auch mit Farbe oder Schaum gegenseitig euer Gesicht mit Farbpunkten verzieren und dieses Ergebnis lachend betrachten.

Oder ihr verkleidet euch beide mit Mützen oder Tüchern vor dem Spiegel.

Oder macht komische Grimassen und witzige Bewegungen. Stellt euch vor den Ganzkörperspiegel und entfernt euch. Kommt langsam wieder auf das Spiegelbild zu, bis eure Nase den Spiegel berührt.

Verteilt Rasierschaum mit den Händen großflächig, wischt und sprüht. Dein Kind sieht sich und staunt. Ist es dem Kind unheimlich, dass etwas Bewegliches aus der Sprühflasche kommt? Zuerst in deine Hand sprühen, zeigen und berühren lassen. Es ist nichts Schlimmes. Das Wischen vormachen und sich dann zurückhalten. Das Kind spielen lassen. Danach alles gemeinsam säubern.

Weitere Spielmöglichkeiten der Ich-Wahrnehmung:

- Bewegungsspiele wie „Wackelpuppe-Stein“ (dabei steht man nach dem Zuruf „Wackelpuppe“ ganz zappelnd und wackelnd auf der Stelle und bei „Stein“ starr und unbeweglich) oder Stopptanz (auf der Stelle angespannt stehen, wenn die Musik plötzlich stoppt – erklingt sie wieder, weitergehen). Diese Spiele fördern die Körperkontrolle.
- Wahrnehmung des Körpers durch Auflegen von unterschiedlich schweren Sandsäckchen, Reissäckchen etc. auf Teile des Körpers. Raten wo es liegt.
- Fotos des Kindes betrachten und gemeinsam darüber sprechen: „Wer ist das?“, „Wo bin ich?“, „Wie alt war ich da?“, „Warum habe ich da geweint?“.

Da fällt euch sicher noch vieles ein …

Die Autonomiephase, früher als Trotzalter bezeichnet, spielt im dritten Lebensjahr eine große Rolle. Jetzt löst sich das Kind aus einer engen Beziehung und wird zunehmend selbstständiger. Es kann Entscheidungen treffen, es erlebt sich als Person mit eigenem Willen, und das führt manchmal zu Konflikten. Allzu leicht gerät es aus der Fassung, wird mitunter von einer panikartigen Wut ergriffen, wenn es nicht augenblicklich nach seinem Kopf geht. Hier gibt es kein Patentrezept. Je nach Situation gilt es für die erwachsene Person, abzuwarten, bis sich das Kind wieder beruhigt hat oder sie versucht, es abzulenken. Sie kann anbieten, weiterzumachen, wenn das Kind aufhört zu schreien. Nachdem sich das Kind beruhigt hat, sollte der/die Erwachsene ihm den „Trotzanfall" nicht nachtragen, sondern sich ihm zuwenden oder es in die Arme nehmen und zur Tagesordnung übergehen. Die Erfahrung zeigt, dass das sofortige Nachgeben während einer „Wutwelle" sich als Trugschluss erweisen kann. So lernt das Kind, Verweigerung einzusetzen, damit Wünsche erfüllt werden. Irgendwann kann die Bezugsperson nicht mehr darauf eingehen. Spätestens dann muss sie beim kindlichen Wutausbrauch „Nerven" bewahren und sich durchsetzen (vgl. Kasten 2007). Andererseits sollte das Kind auch erleben, dass nach der Beruhigung sein Anliegen verstanden wurde und erfüllt werden kann.

Die „Zu-zweit-Spielzeit" ist eine wunderbare Möglichkeit, die Ich- und Sozialkompetenz zu festigen. Du stärkst das Selbstvertrauen des Kindes und wirst seinem Streben nach Autonomie gerecht, indem du

- sein Spielverhalten beobachtest und feststellst, was dein Kind tut und was es kann (manchmal wirst du staunen). So kannst du sein Handeln besser verstehen und einschätzen.
- dem Kind Zeit lässt, eine von dir gezeigte Tätigkeit nachzumachen, Varianten auszuprobieren und zu experimentieren (du kannst zurückhaltend mitmachen, aber nicht vorschnell Ergebnisse liefern).
- Bewegungserfahrungen wie Klettern ermöglichst und dem Kind zutraust.
- dem Kind das Recht auf Fehler und Fehleinschätzungen zugestehst. Denn daraus lernt es.
- das Kind ermutigst „Jetzt hast du schon so viel geschafft" und ihm bei Mutlosigkeit und Enttäuschung Zusammenarbeit anbietest „Gemeinsam kriegen wir das hin".
- deinem Spielkind mit seinen Einfällen, Ideen, Wünschen und Meinungen zuhörst und unterstützt, seine Ideen umzusetzen. Es erfährt so, dass es Entscheidungsmöglichkeiten hat und sich durchsetzen kann.
- Kompromissbereitschaft zeigst und sie andererseits auch einforderst, um erfolgreiches Handeln zu ermöglichen (der Erwachsene hat mehr Erfahrung).
- die Entscheidungsfähigkeit anregst, wenn das Kind zwischen zwei Alternativen auswählen kann: „Möchtest du Tee oder Wasser trinken?"
- das Handeln des Kindes wertschätzt und anerkennst, also das Kind auf ehrliche Art lobst. Mit Kritik solltest du stets sparsam umgehen.

Jetzt, gleich oder später: Macht doch mal beide ein „Ich spüre mich"-Spiel. Das unterstützt die Eigenwahrnehmung. Es geht so: Schnappt euch beide je ein Kissen und drückt dieses ganz fest an eure Brust. Dabei einige Male ein- und ausatmen. Das Kissen wieder lockerlassen. Wiederholen! Mit euren Händen drückt ihr das Kissen so fest es geht zusammen. Jetzt die Arme lockern, das Kissen dehnt sich wieder aus. Ihr könnt es auch weglassen. Überkreuzt die Arme und fasst mit der rechten Hand die linke Schulter und mit der linken Hand die rechte Schulter. Die Arme fest an den Körper drücken. Einige Atemzüge machen und schnell die Arme lockern und ausschütteln. Ihr könnt dabei angestaute Wut oder Angst wegwerfen und laut „Ha" rufen. – Falls ihr Lust habt, werft euch die Kissen zu und fangt sie. Bitte Regeln einhalten! Oder ihr balanciert mit dem Kissen auf dem Kopf. Was fällt euch noch ein?

Darum geht's: *Die Erkenntnis des „Ich-bin-Ich" ist sehr bedeutsam, weil das Kind hier sich selbst mit seinen eigenen Gefühlen wahrnimmt. Es erlebt, dass es eine eigenständige Person ist und es durch sein Handeln Reaktionen bei Menschen und Dingen bewirken kann. Damit diese Identitätsentwicklung und das Streben nach Selbstständigkeit gelingen, braucht das Kind Bezugspersonen, die ihm und seinen Gefühlsäußerungen Beachtung und Verständnis schenken.*

Jahreszeiten – Spazierengehen – Naturerfahrungen

Mit allen Sinnen erleben dein Kind und du die Welt um euch herum.

Mit Frieda stand ich manchmal eine Viertelstunde am großen Fenster und wir erzählten uns, was wir draußen sehen. Wenn Frieda Vögel sah, wurde sie ganz aufgeregt. Einmal haben wir doch tatsächlich einen Buntspecht beobachtet, wie er am Baumstamm hämmerte. Ganz leise und unbeweglich standen wir fasziniert am Fenster. Das Mädchen lernte an diesem Tag ein neues Wort: „Buntspecht." Wir suchten im Farbkasten nach den Farben, die uns am Specht aufgefallen waren und Frieda malte ihn. In der nächsten Woche brachte ich das Bilderlexikon mit. Wir erkannten den Buntspecht unter den vielen Abbildungen. So vertiefte Frieda ihre neuerworbenen Kenntnisse aus unserer Naturbeobachtung.

Meine Förderstunden fanden überwiegend in Räumen statt. Manchmal war ich auch draußen mit dem Kind in der unmittelbaren Umgebung unterwegs. Wir besuchten den Spielplatz und die Wiese, schauten uns Häuser und Vorgärten im Wohngebiet an und probten das Überqueren der Straße. Diese Streifzüge haben wir auch genutzt, um die Natur in der jeweiligen Jahreszeit wahrzunehmen und zu entdecken.

Tim ging, an der Hand geführt, eine kleine Strecke mit mir. Es war Anfang März und der Sonnenschein kitzelte unsere Gesichter. Wir stellten uns in die Sonne, berührten unser Gesicht, und gingen danach in den Schatten, wo es kühler war. Warm und kalt, dieser Gegensatz wurde sinnlich wahrgenommen. In den Vorgärten zeigten sich bereits erste Blüten. Ich berührte diese

betont sanft allein, dann mit Tim die gelben Narzissen und die blauen Veilchen: „Ganz vorsichtig anfassen, Tim. Vorsichtig!“ Was für ein Wunder diese Farbenpracht darstellt. Es gibt gelbe Blumen und blaue Blumen, das lernte Tim heute. „Es wird Frühling, Tim.“ Ein neues Wort: Frühling! Wieder im Raum, schauten wir ein ähnliches Kalenderbild an.

Bei den ersten Spaziergängen mit dem kleinen Kind staunen wir über einzelne Naturwunder. Je älter das Kind wird, desto mehr kann es aufnehmen. Der Erfahrungsschatz wird immer größer. Passende Lieder, Bilderbücher und Fingerspiele vertiefen die gewonnenen Erkenntnisse.
Die Sinneseindrücke draußen, bei jedem Wetter, durch Spielen mit Stöckchen und Steinchen, mit Sand und Wasser, mit raschelnden Herbstblättern und mit weißem, kaltem Schnee sind unersetzlich.

Mit dem Kind diese oder eigene Fotos anschauen und zusammen darüber nachdenken, wie wohl das Wetter an dem Tag der Aufnahme war? Welche Jahreszeiten sind zu sehen? Erzähl doch mal, was die Kinder machen.

Nutzt die Gelegenheiten vielfältiger Umwelterfahrungen:

- Bewusst den kühlen Wind im Gesicht spüren und mit Gummistiefeln durch den Regen und die Pfützen stapfen.
- Die gemeinsame Spielzeit für das Besuchen eines Gartens nutzen.
- Zusammen Blumen gießen, ein Bäumchen einpflanzen, Sonnenblumen einsäen oder den Balkonkasten bestücken.
- Ausflüge zum Wochenmarkt, zum Spielplatz, zum Tiergehege oder zur Parkanlage in der Nähe.
- Erfahrungen mit Tieren ermöglichen. Ein Haustier sollte allerdings Berührungen eines Kindes gewohnt sein.
- Speisen zusammen zubereiten, die dann in der gemeinsamen Zeit gegessen werden. Schön, wenn sie zur jeweiligen Jahreszeit passen, wie Schnittlauchbrot im Frühling, Erdbeerquark im Sommer, geriebener Apfel mit Zimt und Zucker im Herbst, Plätzchen im Winter.
- Aus zwei gleichen Jahreskalendern Naturbilder ausschneiden, auf etwas größere Tonpapierquadrate kleben. So entsteht ein Memory.
- Herbstblätter zwischen Seiten dicker Kataloge pressen. Nach dem Trocknen aufkleben oder mit Farbe anmalen und als Stempeldruck benutzen.
- Kastanien, Eicheln, Bucheckern sammeln und damit entsprechend den Fähigkeiten des Kindes basteln (teilweise vorbereitet anbieten). Spiralen und Mandalas legen. Mengenübungen durchführen. Das Spielen mit Naturmaterialien fördern Kreativität, Handlungsplanung und Motorik.

Da fällt euch sicher noch vieles ein …

Erinnerungen an gemeinsame Picknicksonntage mit der Familie brachten mich auf die Idee, die Förderung mit Mike auf dem Spielplatz zu verbringen. Den Picknickkorb packten wir gemeinsam. Was brauchen wir? – Wenn wir

Apfelsaft mitnehmen, brauchen wir auch Becher für dich und für mich. – Wie viele sind wir? – Zwei. – Wir nehmen noch Kekse mit! – Für jeden zwei in die kleine Dose packen – Das sind jetzt vier. – Worauf setzen wir uns? – Da sind Bänke! – Nein, wir packen eine Decke ein. Mike war voll motiviert und hatte am Ende noch eine gute Idee: „Wir nehmen den Ball mit." So machten wir uns auf den Weg. Zwei Straßen weiter befand sich der Spielplatz mit schattigen Bäumen. Wir waren allein. Wir probierten die Geräte aus. Mike ließ sich schaukeln und ich gab Hilfestellung beim Klettern. Wir übten das Werfen und Fangen mit dem Ball und spielten Fußball. Mike war hochmotiviert bei der Sache. Danach setzten wir uns auf die Decke, packten den Picknickkorb aus, futterten gemeinsam und unterhielten uns. Unser Ausflug war ein richtig schönes Erlebnis.

Jetzt, gleich oder später: Wie schön, dass ihr zwei euch Zeit nehmt, um aus dem Fenster zu schauen. Das ist bei jedem Wetter möglich und passt für jedes Alter.

Gelingt eine Unterhaltung? Gegebenenfalls fragst und antwortest du selbst. Wie ist denn die Farbe des Himmels gerade? Gibt es Wolken am Himmel? Oh, die Bäume bewegen sich so stark im Wind! Ist der Baum dort in der Nähe ein Laubbaum oder ein Nadelbaum? Und da sitzt ein Vogel! Hast du ihn gesehen? Ja, ein schwarzer mit gelbem Schnabel – eine Amsel. – Jetzt fliegt sie davon.

Anschließend malt ihr den Regen, die fliegenden Blätter und vieles mehr. Und wenn die Sonne sich blicken lässt, habt ihr vielleicht Gelegenheit, nach draußen zu gehen. Wettergerecht angezogen geht es sogar, wenn es noch etwas regnet.

Darum geht's: *Das häufige Spielen unter freien Himmel ist für manche Kinder nicht mehr selbstverständlich. Aufenthalte draußen bieten tolle Möglichkeiten zum Beobachten, Erforschen und Wahrnehmen mit allen Sinnen und viele Bewegungsmöglichkeiten, auch auf unebenen Böden. Das Gestalten mit Naturmaterialien fördert Kreativität, Motorik und Handlungsplanung. Gemeinsame Naturentdeckungen sind spannende, bisweilen abenteuerliche und unvergessliche Erlebnisse.*

Kaufladen – Spielküche – Rollenspiele

Dein Kind erlebt, wie es sich anfühlt, jemand anderes zu sein.

Da sitzen sie im Kindersitz des Einkaufswagens und rollen mit uns durch den Supermarkt. Für ein kleines Kind ist es sicher aufregend, fast in Augenhöhe mit den Erwachsenen zu sitzen und zu schauen. Beim Einkauf lernen sie einen immer wiederkehrenden Ablauf: Etwas aus dem Regal nehmen, in den Korb legen, an der Käsetheke warten, vielleicht ein Stückchen Käse bekommen, „Danke" zu sagen. Sie lernen zu verzichten, da einfach nicht alles gekauft werden kann, was sie plötzlich haben möchten. An der Kasse beobachten sie, wie die Dinge auf das Förderband gelegt und mit einem Pieps registriert werden. Die Kinder dürfen jetzt nicht quengeln und zappeln. Kurzum, sie müssen sich an Regeln halten. Schön, wenn du als erwachsene Person das Kind beim realen Einkauf mit einbeziehst und z. B. fragst „Siehst du hier im Regal die Milch?" oder „Erinnere mich bitte, dass wir Puddingpulver brauchen.". Einkaufen ist eine Alltagserfahrung. Kein Wunder, dass der Kaufladen bei allen Generationen zu den beliebten Spielzeugen gehört, in denen sich Kinder im Rollenspiel üben können.

Als Kinder hatten wir zuhause unseren Kaufladen und eine Puppenstube mit Wohnungseinrichtung. Unsere Puppen und Kuscheltiere wurden draußen im Puppenwagen herumgefahren, manchmal war auch ein lebendiges Kaninchen drin! Meine jüngere Schwester bekam schon eine Barbiepuppe mit viel Zubehör, der kleine Bruder ein Parkhaus mit Matchboxautos. Spielzeug war früher sehr geschlechtsspezifisch. Heutzutage ist das zum Glück etwas anders.

Einen Kaufladen haben wir unserer Dreijährigen zu Weihnachten geschenkt, als der kleine Bruder erst zwei Wochen alt war. Natürlich bewunderten alle Gäste unser Baby. Aber sie kamen nicht an unsere Tochter vorbei, ohne einen Einkauf zu tätigen. So stand sie nicht im Abseits, sondern wurde beachtet und angesprochen – ein gutes Timing.

Ein Kaufladen lässt sich schnell realisieren. Nur mit einer Spielzeugkasse kann z. B. eine Eisdiele, ein Schuhgeschäft oder Buchladen aufgebaut werden. Eine Kasse spricht zudem das funktionelle Interesse des Kindes an. Ausgestattet mit Spielgeld und Früchten aus Holz wurde aus meinem Schubladenschränkchen ein Gemüseladen. Selbst Formenplättchen und Knöpfe dienten mitunter als Lebensmittel. Wir spielten Verkäufer und Käufer im Wechsel. Klar, je jünger das Kind, desto weniger wurde eingekauft.

Neben dem Zuhören, der Erweiterung des Wortschatzes, der Entwicklung eines Handlungsplanes und der Spielphantasie übt ein Kind so seine handmotorischen Fähigkeiten. Es entsteht ein intensives, wechselseitiges Miteinander und die Bereitschaft, sich auf die Ideen und Vorschläge des jeweils anderen einzulassen. Je älter das Kind, desto komplexer darf die Handlung sein und erweitert werden. So kocht es die zuvor gekauften Lebensmittel in der Spielküche für die Familie.

Mitunter mit skeptischem Blick wurde der Arztkoffer mit Stethoskop, Spritze, Pflaster und Verbandszeug von meinen Förderkindern betrachtet. Die Rolle der Ärztin habe ich als Spielführerin meistens zuerst übernommen. Unsere Krankheiten spielten wir mehrmals hintereinander mit wechselnden Rollen durch. Ich bin mir sicher, einigen Kindern hat es geholfen, Aversionen gegenüber einem Arztbesuch zu mildern.

Übrigens: Der Frühpädagoge Prof. H. Kasten schreibt, dass Kinder spielerisch reale Handlungen nachvollziehen, sich zweitweise davon lösen und eigene Vorstellungsinhalte entwickeln, ausprobieren und gegebenenfalls konkret umsetzen (vgl. Kasten 2007, S. 160 f.). Im wiederholenden Rollenspiel kann ein Kind problematische

Ereignisse in abgemilderter Form durchleben und verarbeiten. Im Spiel kann das Kind sich alles wünschen, es kann Misserfolge, Wut und Frustrationen abbauen und sich als stark und mächtig erleben.

Weitere Rollenspiele aus der Lebenswelt des Kindes sind sinnvoll:
- Familiensituationen mit Puppen, Puppenhaus, Kinderküche
- Theaterspiel mit Handpuppen, Verkleidungskiste, Kamishibai (Erzähltheater)
- Erlebnisse in der Kita, im Zoo und auf dem Bauernhof (mit Figuren)
- Zahnarztpraxis, Tierarzt, Krankenhaus
- Polizei (Mütze, Pfeife, Kelle, Auto), Feuerwehr, Post-Paketstelle
- Handwerker, Gartenarbeit (Werkzeug, Handschuhe, Gießkanne)
- Autowerkstatt, Straßenarbeiter, Parkhaus, Müllauto mit Mülltonnen

Da fällt euch sicher noch vieles ein ...

Manchen Kindern hilft beim Hineinschlüpfen in eine andere Rolle das Verkleiden und sie experimentieren gern mit ihrem Aussehen. Andere wiederum mögen das nicht, einigen ist es sogar unheimlich. Bitte nicht dazu drängen, einfach von Zeit zu Zeit das Angebot der Verkleidung erneut machen.

Jetzt, gleich oder später: Habt ihr zwei einen Stab, Stock oder Buntstift zur Hand? Etwas Alufolie oder Goldpapier darum gewickelt und fertig ist der glitzernde Zauberstab. Am besten ist es, wenn die erwachsene Person beginnt. Du legst dir ein Tuch über die Schulter und so zu Fee oder Zauberer verwandelt sprichst du: „Eins, zwei, drei, jetzt beginnt die Zauberei. Du bist ein Stein!“ Dabei werden über dem Kopf des Kindes entsprechende Bewegungen mit dem Zauberstab gemacht. Unbeweglich liegt es da, bis es nach kurzer Zeit erlöst wird: „Eins, zwei, drei, der Zauber ist vorbei.“ Natürlich werden die Rollen gewechselt. Wirst du jetzt ein Baum? Lass dir etwas einfallen, wie du die Rolle füllst! So lassen sich allerlei Tiere und Menschen zaubern, die stark sind und jede Gefahr bewältigen.

Darum geht's: *Im Rollenspiel hat das Kind die Möglichkeit, reale Erlebnisse, Begegnungen aber auch Geschehen im Fernsehen zu verarbeiten und sich damit auseinanderzusetzen. Ich möchte dazu ermuntern, sich auf Rollenspiele mit dem Kind einzulassen und es aktiv an der Planung zu beteiligen. Wer ist der König, wer ist die Prinzessin? Wie ist das Wetter? Schneit es draußen oder scheint die Sonne? Was feiern wir für ein Fest? Wo sind wir? Im Garten oder Haus? Wer-, Wie-, Was- und Wo-Fragen erfordern ein gemeinsames Besprechen. So wird der Rahmen gesteckt. Ihr taucht in euer ausgedachtes Spiel ein, das sich während des Spielens entwickelt. Das Kind erlebt seine Rolle als sehr real. Um sicher den Bezug zur Wirklichkeit herzustellen, wird das Ende des Spieles von dir eingeleitet. Im Allgemeinen fällt es einem Kind nicht schwer, wieder im Hier und Jetzt zu sein.*

Legen – Bauen – Konstruieren

Dein Kind baut sich eine Welt.

Wenn wir uns mit dem Thema Legen und Bauen befassen, dann ist der Name Friedrich Fröbel (1782–1852) von großer Bedeutung. Der Pädagoge hat die Wichtigkeit des Spielens für die Bildung der Kinder erkannt und entwickelte Spielmaterialien. Seine Spielgaben sah er als „Mittel zur Darstellung anderer Gegenstände". Ball, Kugel, Würfel, Walze/Kegel und geteilter Würfel bilden ein System von Spielmaterialien, das spielerisch das Verständnis für die Grundlagen der Mathematik, Geometrie und Symmetrie fördert. Weitere Kreativmaterialien wie Legetäfelchen, Flechtmaterialien, Fäden und Ketten haben einen hohen Aufforderungscharakter und das Kind lernt, sich konzentriert mit einer Sache zu beschäftigen. Kugel, Zylinder und Würfel sind nach wie vor beliebte Formen für Kleinkinder-Spielzeug, ursprünglich aus Holz hergestellt

Übrigens: Friedrich Fröbel sagte diesen wichtigen Satz: „Spiel ist nicht Spielerei. Es hat hohen Ernst und tiefe Bedeutung." (Friedrich Fröbel in „Die Menschenerziehung", 1826, S. 34) Fröbel war der Gründer des Kindergartens. Weltweit gibt es viele Einrichtungen, die nach ihm benannt sind und seine Pädagogik fortführen.
Inzwischen gibt es neue Literatur, die uns die Pädagogik Fröbels in zeitgemäßer Sprache nahebringt (vgl. Friedrich / Bordihn 2019).

Mein Bausteinkasten war aus Holz, es waren neben runden und rechteckigen Klötzen auch Fenster und rote Dächer vorhanden. Ich baute gern mit meinem Vater Häuschen auf. Nachher sortierten wir alle Bauteile akribisch in die Schiebekiste zurück, da sonst der Deckel nicht passte.

Unsere Kinder liebten ihre Kästen mit Naturhölzern und bunten Klötzchen. Es wurden Straßen, Parkplätze und aus den blauen Klötzchen ein See gelegt. Brücken, Häuser und Türme entstanden. Als Erweiterung kamen nach und nach diverse Holzsachen dazu. Jetzt konnte eine kleine Welt aufgebaut werden mit Spielplatz, Parkbänken, Bäumen und Autos. Tier- und Menschenfiguren belebten die Baulandschaften.
Auch für meine Frühförderarbeit stellte ich eine Schachtel mit Holzfiguren zusammen. Filzstoffe wie See, Wiese und Straße dienten als Ordnungshilfen.

Mit Jan spielte ich oft damit. Jan war ein Junge mit viel Phantasie, sprang aber von einer Idee zu anderen und verlor sich im Chaos. Ihm tat dieses ruhige Zusammenspiel mit einer Person, die mit ihm einen strukturierten Handlungsablauf aufbaute, sehr gut. Wir spielten am Tisch. Aus Bausteinen legten wir eine niedrige Mauer: „Stein auf Stein, Stein auf Stein", leise sangen wir das Lied dazu. Eine Öffnung in der Mauer war der Eingang zum Spielplatz. Er stellte Rutsche, Schaukel, Wippe und Sandkasten nebeneinander auf. Ich holte einige Bäume aus der Schachtel. „Oh ja, Bäume auch noch", sagt Jan und stellte sie in eine Ecke des Spielplatzes. „Und was fehlt jetzt noch?" Jan schaute in die Schachtel, „Kinder" rief er. Alle Kinder stellte er in den Sandkasten. Ich fragte nach einer Weile: „Sollen wir die Kinder ein bisschen verteilen?" Jan stimmte zu und meinte, dass auch die Spielgeräte zu eng aneinander stün-

den. Wir verteilten sie und stellten die restlichen Parkbänke auf, nur das Klettergerüst blieb in der Schachtel. Diesmal noch. *(Anmerkung: Jan kletterte auch auf dem richtigen Spielplatz nicht. Das Vermeiden, sich im Klettern zu üben, hat diese Ängstlichkeit vielleicht verstärkt.)*

In den folgenden Förderstunden habe ich das Spielklettergerüst aufgebaut. So hat sich ein „ängstliches Kind" im Rollenspiel mit Jans Hilfe dann doch getraut, über das Klettergerüst zu gehen. Außerdem führten wir verstärkt Gleichgewichtsübungen im Turnraum durch. Auf dem realen Spielplatz ließ Jan sich allmählich mutiger auf das Klettern ein.

Diese Fähigkeiten werden beim Legen und Bauen angesprochen:

- Handlungsplanung
- Logisches Denken
- Konstruktionsfähigkeit
- Handmotorische Geschicklichkeit
- Phantasie
- Räumliche Wahrnehmung
- Zusammenarbeit.

Diese Materialien eignen sich zum Legen, Bauen und Konstruieren:

- Holzbauklötze (auch in Verbindung mit Holzfiguren und Playmobil)
- Konstruktionsserien wie Duplo, Lego
- Naturmaterialien wie Kastanien, Stöckchen, Steine
- Legeplättchen, Formen (z. B. aus Colorama)
- Fensterfolie (Fotos), Magnetformen, Hämmerchenspiel
- Alltagsmaterialien wie Knöpfe, Stäbchen, Streichholzschachteln, Papprollen, Pappdeckel, Eimerchen, alte Diakästen.

Da fällt euch sicher noch vieles ein …

„Stein auf Stein, das Häuschen wird bald fertig sein", heißt es in dem Handwerkerlied. Darf ich vorstellen: „Schloss Logikus", ein Spiel mit Bausteinen und Türmen.

Aus unserem Fotoalbum: Intensiv wird mit Lego gebaut. Was wird wohl überlegt?

Die Herausforderung besteht darin, dass so gut kombiniert wird, dass Burgen, die im Beiheft abgebildet sind, nachgebaut werden. Lass dem Kind Zeit, die Lösung selbst zu finden!

Zuerst dachte ich, dass dieses Spiel zu schwierig für Kai ist. Aber nein! Als Erstes haben Kai und ich die Bausteine aus der Verpackung genommen, uns alles angesehen und drauflosgebaut. Die Pappe mit den Formeinlassungen blieb im Karton, damit sich die Bausteine am Ende gut einsortieren lassen. Gemeinsam stellten wir unterschiedliche Größen fest, und dass der kurze Turm genau in den kleinen Baustein passt und der lange Turm überstehend in den mittleren Baustein. Danach blätterte ich die erste Aufgabe aus dem Beiheft auf. Wie schön, auch dieses Spiel begann einfach. Die erste Burg war rasch fertig. Auf der nächsten Seite sahen wir uns die Lösungsabbildung an. Ob wir es richtig gemacht haben? Kai war von dieser „Probe“ ganz begeistert. Es folgte Aufgabe auf Aufgabe und es wurde immer etwas kniffeliger. Schließlich machten wir Fehler. Kai ließ sich nicht entmutigen. Durch Vergleichen, Ausprobieren und Kombinieren kamen wir auf die Lösung. Ich weiß noch, wie wir uns gereckt und gestreckt haben, um die Anspannung nach der Tüftelei los zu werden. Stolz führte Kai seiner Mutter das Bauen einer Burg vor. Überrascht freute sie sich: „Ja, der Junge kann was!“ Diesen Ausspruch beherzte ich. Seitdem stellte ich ein Kind mutiger vor neue Herausforderungen, probierte die Grenzen aus und zeigte mein Zutrauen.

Achtung: Fange zunächst mit leichten Aufgaben an. Kehre zu einer einfachen zurück, falls es im Verlauf zu schwierig wird. Das Spiel mit einem Erfolgserlebnis beenden.

Entdecken

Ausprobieren

Aufgabe lösen

Erfolg feiern

Diese Art Spiele erfordert logisches Denken und Problemlösestrategien. Die Aufgaben werden immer schwieriger. Sie sind daher ein besonderes Angebot in der Zeit zu zweit. Durch deine Beobachtung und Mitarbeit stellst du fest, ob die Aufgaben dein Kind zwar fordern, aber nicht überfordern. So manches Kind stellt an sich selbst große Ansprüche und kann nicht aufhören, Lösungen zu finden. Dann kündigst du rechtzeitig das Spielende an und stellst das Spiel sichtbar in den Schrank. Ist das Kind später vertraut mit dem Spiel und den Aufgaben, wird es ihm zum freien Spiel überlassen.

Jetzt, gleich oder später: Ihr sammelt viele Kissen. Das Kind legt sich zuerst auf eine Decke oder Matte, Sofa geht auch. Auf seinem Rücken wird ein Kissenturm gebaut. Bitte nicht zu schwere Kissen verwenden. Wie viele schaffst du, bevor der Turm zusammenfällt? Oder hält er und du setzt noch ein Kuscheltier oben darauf. Mache doch ein Foto. Und dann ist dein Rücken die Plattform für den Kissenturm. Er kann natürlich auch auf den Boden gebaut werden.
Oder ihr legt einen Parcours und spaziert auf den Kissen. Das ist nicht leicht, denn sie sind weich und wackelig. Ihr könnt auch über die Kissen steigen oder im Slalom herumgehen. Denkt euch noch weitere Möglichkeiten aus.
Ihr möchtet lieber kleine Türme aus Klötzchen bauen. Sie lassen sich auf dem Tisch oder vorsichtig in der offenen Hand stapeln. Wer schafft am meisten?

Darum geht's: *Ein Kind liebt Bauaktionen und braucht Gelegenheiten, sich allein mit Baumaterialien auseinanderzusetzen. Es schöpft dabei aus seinen Erfahrungen, die es zu Beginn des zweiten Lebensjahres bei der Beschäftigung mit Behältern, beim Ein- und Ausräumen, beim Aufeinanderstellen und Umstoßen gesammelt hat. Es baut Türme und dann auch*

*Züge. Es entwickelt Vorstellungen und gewinnt eine Einsicht in die Statik. Es ist ja nicht unwichtig, welche Eigenschaften das Baumaterial hat oder wie die Klötze aufeinandergestapelt werden, damit das Bauwerk stabil steht. Beim Bauen gibt es manchmal Einstürze. Das Kind überwindet seine Enttäuschung und beginnt von vorn. Es erlebt Gestaltungserfolge, auch weil es aus Fehlern gelernt hat. Die Spielpartner*in hilft, einen Bauplan zu verwirklichen und steht bei der Erarbeitung von Lösungen auf zurückhaltende Weise zur Seite.*

Malen – Schneiden – Kleben

Dein Kind erfährt mit seinen Händen, was alles in ihm steckt.

In meiner Fördertasche gab es eine stabile Schachtel. Ein Gummiband sicherte das unbeabsichtigte Öffnen des Behälters. Darin befanden sich wahre Kreativschätze: dicke Buntstifte, Wachsmalstifte, Bleistift und Anspitzer, Kinderscheren, Klebestift, Pinsel, ein Töpfchen mit Fingerfarbe.

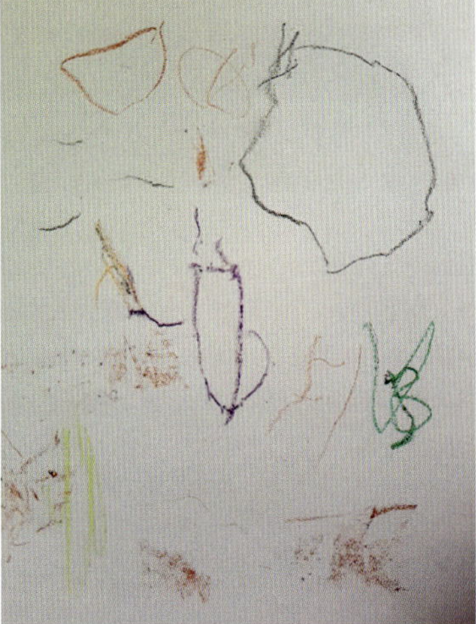

Für kleine Hände eignen sich rechteckige Wachsmalblöcke. Sie lassen sich im Faustgriff benutzen, können aber auch sehr gut zwischen Daumen und Zeigefinger gehalten werden (Pinzettengriff). Somit sind sie eine gute Hinführung zur Handhabung von Buntstiften. Hat ein Kind anhaltende handmotorische Probleme, können spezielle Stifthilfen unterstützend sein.

Eine Mappe mit Malpapier, Faltblättern, Tonpapier, Fotopostkarten sowie ein Töpfchen Knete hatte ich fast immer in der Tasche. Zumindest einige Minuten Kreativität hat ihren Stellenwert in der Spielzeit zu zweit.

Übrigens: In meiner Materialschachtel befand sich auch ein gelbes Silikonarmband. Es diente als Motivationshilfe, wenn ein Kind verzagte. Der aufgedruckte Spruch „Du kannst mehr als du denkst" war ein großartiger Mutmacher, wenn er um das Handgelenk des Kindes oder auf den Tisch gelegt wurde.

Beginnen wir mit der Beschreibung einer ersten Malstunde bei den kleinen Malanfängern. Ich ziehe mir ein altes Hemd an, das Kind kann mir behilflich sein. Es bekommt auch einen Malkittel. Es gibt Kinder, die mögen das nicht. Dann reicht es, dass der Kittel nur um den Oberkörper gelegt oder ganz weggelassen wird. Die Ärmel des Pullovers werden hochgekrempelt. Feuchte Läppchen liegen bereit. Ich biete zuerst nur ein Fingerfarbentöpfchen an und öffne es ein wenig. Das Kind hilft mir, vorsichtig den Deckel zu heben. Die Farbe kommt zum Vorschein. Ich berühre mit meinem Finger die Oberfläche und zeige dem Kind meine gelbe Fingerkuppe. Mit dem feuchten Tuch wische ich die Farbe wieder ab. Es ist wichtig, dass das Kind wahrnimmt, dass die Farbe

nicht am Finger bleibt. Je nach Temperament taucht es jetzt selbst den Finger (oder mehrere) in das Farbtöpfchen ein. Zuerst ist da ein kühles, feuchtes Gefühl am Finger. Manchen Kindern ist das zunächst unangenehm. Aber nicht schlimm, die Farbe kann ja mit dem Tuch weggewischt werden.
Ich tauche meinen Finger in die Farbe und drücke ihn auf einen großen Bogen Papier. Da ist ja ein gelber Farbpunkt. Das Kind macht es mir motiviert nach. Und nochmal und nochmal. Es wischt schließlich sogar mit dem Finger über das Blatt, eine Linie entsteht. Ich ziehe auch einen Strich. Eintauchen, aufdrücken, Strich ziehen, hin und her wischen, ganz viele Punkte machen. So spielen wir einige Zeit mit der gelben Farbe. Blatt für Blatt wird zum Trocknen zur Seite gelegt.
Und jetzt die Hände saubermachen. Das Nötigste zunächst mit dem Tuch, gründlich am Waschbecken. Bei der Reinigung wird das Kind von Beginn an miteinbezogen. Gemeinsam drücken wir den Deckel des Töpfchens zu und wischen Farbflecke weg.
Beim nächsten Mal wiederholen wir die Vorgänge und benutzen eine zweite Farbe. Vielleicht bestreiche ich meine Hand mit der anderen Hand und danach mit wenig Farbe die Hand des Kindes, wenn es das möchte! Beide drücken wir unsere Hände auf das Papier. Erstaunt stellt das Kind fest, dass seine Hand zu sehen ist.

Achtung: Das Kind benötigt genügend Zeit zum Ausprobieren und Experimentieren für sich. Es ist wichtig, dass du dich immer wieder zurückhältst und dein Kind allein mit den Farben spielen lässt. So entdeckt es Farbverläufe und Rundungen. Irgendwann entsteht dann aus einem Kreis mit zwei Strichen eine Menschendarstellung: der Kopffüßler.
Hat das Kind schon einige Malerfahrung, wird ein Wasserfarbkasten benutzt. Es ist sinnvoll, vorab Regeln zu vermitteln, wie z. B. das Auswaschen des Pinsels bei einem Farbwechsel. Ein standfestes Glas mit Wasser wird geholt. Ein saugfähiges Tuch hilft, den Pinsel und den Tuschkasten von allzu viel Wasser zu befreien. Auch hier das Kind immer mit einbeziehen. So einiges, was das Kind an Handlungsabläufen im Zweierkontakt lernt, wird es in der Kindergruppe nachvollziehen.
Manchmal habe ich als Spielpartnerin auf einem eigenen Blatt mitgemalt. Nicht um meine Fähigkeiten zu zeigen, sondern um mich auf die Stufe des Kindes zu begeben und kleine Impulse anzustoßen. Und wenn uns danach war, begleiteten wir beide das Malen mit einem leisen Lied.

Mal- und Zeichenangebote können mit der Zeit komplexer und zielgerichteter werden.
Im Dialog mit dem Kind wird das Blatt aufgeteilt. Durch das Streichen der blauen Farbe oben entsteht ein Himmel. Grüne Striche unten sind die Wiese. Kleine rote Finger oder Pinseltupfer die Blumen. Und was noch? Eine gelbe Sonne. Wo ist die

Sonne? Am Himmel! Prima. Eine runde, gelbe Sonne, vielleicht sogar mit Sonnenstrahlen, findet ihren Platz.

Ab und zu kommt es vor, dass Jungen und Mädchen wenig Interesse am Malen zeigen, sie sind vielleicht zu unruhig und ungeduldig oder sie denken, dass sie es nicht können. Die Zeit zu zweit bietet sich für das Malen und Zeichnen an. Hier vergleicht sich dein Kind nicht mit anderen Kindern. Es wird nicht kritisiert. Es kann in seinem Tempo schöpferisch tätig sein. Es erlebt Malaktionen, die Spaß machen. Es wird ermutigt, sein Werk zu beenden und mit dem erfolgreichen Ergebnis belohnt.

Zusammen könnt ihr:

- leise Entspannungsmusik zum Malen im Hintergrund abspielen oder das Zeichnen mit Singen, Summen, Reimversen begleiten.
- Seifenblasen pusten, fangen, zerplatzen lassen und danach viele runde Blasen auf dem Papier malen. „Rund und Stopp!“ So entstehen einzelne Kreise.

- Spiegelbilder: mit Wasserfarbe eine Hälfte des Blattes bemalen, dann zusammendrücken, wieder aufmachen. So ein Bild wirkt immer gut. Vielleicht ist ein Schmetterling zu erkennen.
- Druckbilder stempeln mit Stempeln, Korken, Blättern. An den Abdruck einer Fingerkuppe Striche malen – so wird ein Käfer daraus. Auf dem Korkenabdruck Augen, Nase, Mund malen usw.
- Umrisse von unseren Händen, Füßen und Gegenständen zeichnen.
- Schraffieren von Dingen (z. B. einer Münze), die unter dem Blatt liegen. Was kommt jetzt zum Vorschein?
- Fotos oder Postkarten mit übersichtlichen Landschaftsmotiven in der Mitte eines Blattes aufkleben, die das Kind (je nach seinen Möglichkeiten) anregen und vervollständigt. So malt es den Himmel, den Wald, den See weiter auf die leere Umrandung des Blattes oder gegenständlich Tiere und Pflanzen dazu.
- Die zukünftigen Schulkinder haben Freude an Arbeitsblättern mit Malaufgaben und an einem eigenen kleinen Heft zum Selbstgestalten. Vielleicht haben sie auch Spaß daran, mit dir ein Regelspiel zu entwickeln und zeichnerisch umzusetzen. Frag doch mal.
- Malraten habe ich mit Vorschulkindern gespielt, wenn noch ein wenig Zeit in der Stunde zu überbrücken war. Ich beginne symbolhaft zu zeichnen. Das Kind errät, was ich male. Danach errate ich, was das Kind gezeichnet hat. Dabei entstehen manchmal die abenteuerlichsten Gebilde und ein Tipp vom Kind ist vonnöten.

Und was möchtet ihr zwei malen …?

Reißen und Schneiden

Als Vorübung zum Schneiden habe ich zuerst das Reißen von bunter Filzwolle, Geschenkpapier, später auch von Seiden- oder Transparentpapier angeboten. Beim Reißen sind beide Hände beteiligt. Papier wird in handlichen Größen vorbereitet auf einen Stapel gelegt, so dass ein Blatt nach dem anderen genommen wird. Ich beginne zu reißen. Langsam mache ich diese Technik vor. Beim Reißen zieht eine Hand das Papier zu sich hin, während die andere es von sich wegschiebt. Gar nicht so leicht. Nachdem das Kind sich ein Blatt genommen hat, warte ich erstmal ab, wie es damit umgeht. Vielleicht gelingt es ihm ja spontan durch das Nachmachen. Manchmal klappt es aber nicht ohne eine kurze Führung der Hände des Kindes, damit es diese Bewegungen nachvollzieht. Die fertig gerissenen Papierschnipsel sammeln und knubbeln wir. Das heißt im Daumen-Zeigefingergriff wird der Schnipsel mit Hilfe des Mittelfingers so bewegt, dass ein runder Knubbel entsteht. Die sammeln

Zeigen

Nachmachen

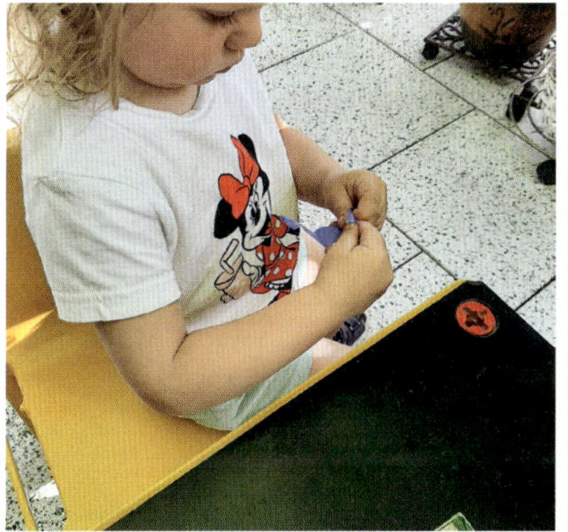
Papier reißen

Knubbel aufkleben

wir und kleben sie mit angerührtem Tapetenkleister auf das Blatt. Die Hand drückt den Knubbel etwas aufs Papier, damit er festklebt. Ein bisschen warten, dann wird das Papier hochgehoben. Die Erkenntnis ist: es fällt nicht runter. Wir kleben in einem späteren Schritt Knubbel auf einen Baum aus Pappe. Die Fläche wird mit einem Pinsel gekleistert und die bunten Knubbel werden zügig darauf geklebt. Das machen wir zusammen. Unser Herbstbaum ist fertig.
Dauert das Ganze zu lange oder die Lust lässt nach, vereinbaren wir: „Jetzt noch drei Knubbel aufkleben, dann ist für heute Schluss. Wir machen nächste Woche weiter. Die restlichen Knubbel legen wir ins Glas und staunen, wie viel wir heute geschafft haben."

Zeigen – Nachmachen – Papier reißen

Der Umgang mit der Schere ist eine feinmotorische Herausforderung und benötigt Übung. In der Regel kann das Kind im Verlauf des fünften Lebensjahres an einer Linie entlang schneiden. Es erfordert eine gute Koordination der Augen und beider Hände. Eine gute Handlungsplanung ist notwendig. Manche Kinder haben mit dem Zusammenspiel beider Hände Schwierigkeiten. In meiner Box befanden sich unterschiedliche Kinderscheren, sogar eine für Kinder mit festgestellter Linkshändigkeit. Es ist nicht immer ersichtlich, welche Hand die dominante ist.
Manchmal haben sich die Dreijährigen noch nicht entschieden. Sie wechseln zwischen Links und Rechts. Durch ein Bändchen am Handgelenk kann spielerisch die rechte und linke Körperseite betont werden. Vielleicht so: Heute zeigt dir die rote Schleife deine rechte Hand, morgen das blaue Band die linke.
Ich ließ das Kind ausprobieren, ob das Malen besser mit der linken oder mit der rechten Hand gelingt. Die Schere legte ich beim neuen Schneidevorgang in die Mitte. So konnte ich sehen, mit welcher Hand sich das Kind die Schere bevorzugt nahm. Ich beobachtete die Motorik in anderen Situationen: Mit welcher Hand fasst das Kind beim Essen den Löffel? Setzt es den rechten oder linken Fuß beim Ballspiel ein? Ich habe Bezugspersonen nach ihren Beobachtungen gefragt.
Kommt ein Kind trotz umständlicher Handhabung mit dem Schneiden auf seine Art und Weise zurecht, braucht es wahrscheinlich nur noch etwas Zeit, das wiederholte Zeigen des Schneidevorganges und praktische Erfahrung, bis es die Tätigkeit beherrscht. Werden allerdings keine Fortschritte beobachtet oder verweigert das Kind generell handmotorisches Gestalten, so bietet es sich an, in der Zeit zu zweit entsprechende Angebote mit Geduld und Feinfühligkeit durchzuführen.

Ich möchte Lea vorstellen. Das Mädchen schaut oft, für sich alleine stehend, anderen Kindern der Gruppe beim Schneiden zu. Wird sie aufgefordert mitzumachen, lehnt sie ab. Im Zweierkontakt zeigt sich, dass sie nicht weiß, wie sie die Hände beim Schneiden zu halten hat. Allein durch Vormachen kann sie die Schneidetechnik nicht praktisch umsetzen.
Oft hilft schon eine kurzzeitige Führung der Hände. Daher teile ich Lea mit: „Ich möchte gern mit dir zusammen schneiden." Dabei lege ich meine Hand über ihre Hand.
Etliche Streifen, ca. 1 cm breit aus fester Pappe, etwa in Postkartenqualität, liegen bereit. Das Papier darf nicht zu dick und nicht zu dünn sein. Zunächst benutzen wir eine Lernschere mit zwei Eingriffslöchern an jeder Seite. Daumen und Zeigefinger, manchmal auch noch der Mittelfinger des Kindes fassen in die hinteren Löcher, meine Finger in die vorderen. So liegt meine Hand über Leas Hand. Den Streifen hält sie allein mit der anderen Hand oder wir halten ihn gemeinsam fest. Jetzt öffnet meine Hand die Schere ein wenig, zusammen legen wir einen Papierstreifen dazwischen. Meine Hand übt einen

sanften Druck auf die Hand des Kindes aus. Diesen spürt Lea und schließt die Schere. Ein Stückchen vom Pappstreifen fällt herunter. Zusammen öffnen Lea und ich die Schere, führen den Streifen erneut dazwischen, schließen die Schere – abgeschnitten. Mehrmals passiert das. Wir legen die Schere weg und schütteln zur Entspannung unsere Hände.
Wir nehmen einen weiteren Streifen. Jetzt biete ich Lea die normale Kinderschere an. Meine Hand umschließt ihre Hand und übt von unten und oben nur einen minimalen Druck aus. Beim nächsten Mal vielleicht gar nicht mehr. Schließlich befindet sich meine Hand ohne direkte Berührung nur noch über der Hand des Kindes und kann sich eventuell ganz zurückziehen.
So ist jeder allein abgeschnittene Schnipsel ein kleiner Erfolg für Lea. Konzentriert ist sie bei der Sache. Vor uns liegen etliche Schnipsel. Diese füllen wir zusammen in ein leeres Schraubglas. So viel haben wir geschafft. Es sieht schön aus, wenn wir das Glas mit den bunten Schnipseln schütteln, drehen und auf den Kopf stellen. Und – das ist ein neues Spiel!
Lea geht hüpfend in ihre Gruppe, das Glas in den Händen.

Achtung: Während solcher intensiven Übungen möglichst wenig oder gar nicht sprechen. So konzentriert sich das Kind auf die Handlungen. Auch dem/der Erwachsenen gelingt es so besser, die Handführung wirklich langsam und mit dem Kind (nicht für es!) zu machen. Es ist wichtig, dass du zwischenzeitlich innehältst. Spürst du, dass es selbst schneidet, löst du deine Hand. Solche Schneidephasen sind anstrengend. Deshalb nicht zu lange, lieber wiederholt durchführen. Das häufige kurzzeitige Schneiden übt die Geschicklichkeit. So füllt sich ein Glas mit der Zeit. Die Schnipsel können demnächst hervorholt und aufgeklebt werden.

Beidhändiges Arbeiten

Intensive Konzentration

Daumen-Zeigefinger-Griff

Material

Fällt das Schneiden trotz gemeinsamer Bemühungen noch zu schwer, wird es zurückgestellt. Übungen wie Fingerspiele, Handmassagen, Matschangebote, Reißen und Malen stärken die Handmotorik und Bewegungsplanung.

Gelingt die Handhabung der Schere, werden die Streifen etwas verbreitert, so dass ein einfaches Abschneiden nicht mehr reicht. Und später werden Linien von Kante zu Kante gezogen und es wird dort entlang geschnitten, um z. B. den Schriftzug auf einer Blumenkarte zu entfernen. Schließlich kann die Blume aufgeklebt werden.

Später wird vielleicht in einem Prospekt ein Auto entdeckt. Das Gesamtbild wird nach und nach auf eine handliche Größe geschnitten, um besser an das Auto zu kommen. Wir wechseln uns, falls notwendig, beim Schneiden ab. Zuletzt schneidet das Kind.

Es können zwei Linien auf ein Blatt Papier gezeichnet werden, das ist die Straße! Ein Auto und Haus werden ausgeschnitten und mit einem Klebestift auf das Blatt geklebt. Hat das Kind Lust, malt es noch eine Sonne und einen Baum oder etwas Anderes dazu. Fertig ist eine Collage.

Was mit Malen-Schneiden-Kleben gestaltet werden kann:

- Schnipsel durcheinander auf ein Blatt Papier, einen Karton, eine Schachtel oder ein Haus aus Pappe kleben. Für die Kleinkinder reichen schon wenige bunte Flecken.
- Aus den Schnipseln ein Mosaikbild oder Mandala gestalten.

- Bilder aus einem Kalender oder Katalog ausschneiden und nach Oberbegriffen geordnet aufkleben, z. B. Spielzeugladen, Wohnung mit Möbeln, Zoo mit Tieren.
- Blumen ausschneiden und aufkleben, die Stängel dazu zeichnen.
- Seiden- oder farbiges Transparentpapier in Stücke reißen und auf ein Glas oder eine Butterbrottüte kleben. Mit einem Teelicht darin entsteht ein schöner Lichtzauber.

Und sicher habt ihr zwei noch weitere gute Ideen ...

Jetzt, gleich oder später: Tragt doch mal aus allen Schubladen unterschiedliche Stifte zusammen und macht eine Probierstunde. Funktionieren noch alle Filzstifte? Gibt es quietschende Wachsmalstifte, müssen einige Buntstifte angespitzt werden? Welche Stifte lassen sich gut anfassen und welche nicht? Zusammen könnt ihr ein „Ratespiel der Stifte" machen. Ihr beide habt jeweils ein Blatt und drei bis fünf unterschiedliche Stiftarten vor euch liegen. Abwechselnd schließt eine Person die Augen oder schaut weg, die andere malt mit einem Stift Striche oder Kreise. Welcher Stift wurde benutzt?
Und falls ihr sie noch nicht habt, richtet euch eine Mal- und Bastelbox ein. Was gehört hinein? Stifte und Scheren, Kleber, Anspitzer und Lineal? Vielleicht auch ein Armband mit einem Mutmachspruch?

Darum geht's: *Jedes Kind braucht Gelegenheiten, um schöpferisch zu spielen. Eine gute Handlungsplanung hilft, die Umsetzung kreativer Vorstellungen zu verwirklichen Die Zusammenarbeit beider Hände und die Auge-Hand-Koordination wird geübt. Erfolgreiches Gestalten verbessert den handmotorischen Kräfteeinsatz, die Fingerfertigkeit sowie Konzentration und Ausdauer. Es stärkt das Selbstvertrauen in die eigenen Fähigkeiten, aber auch das kooperative Verhalten durch die vertrauensvolle Zusammenarbeit. Ursache und Wirkung: durch den Gebrauch von Malwerkzeug, Schere und Kleber wird dieses Prinzip erfahrbar.*

Nähe und Distanz – Zeit zum Zuhören – Feinfühligkeit

Du hilfst deinem Kind, mit seinen Gefühlen umzugehen.

Durch das gemeinsame Spiel entwickelt sich eine große Nähe und Intensivität. Das Kind spürt, dass es so sein darf, wie es ist. Hier steht es nicht in irgendeiner Konkurrenz zu anderen Spielkameraden. Es hat die Aufmerksamkeit einer erwachsenen Person von Beginn der Spieleinheit bis zum Ende. Es vergibt sich nichts, wenn es etwas nicht sofort kann. Es erfährt Verständnis und angemessene Hilfestellung sowie Zuspruch und Ermutigung. Die Leistung des Kindes wird in keiner Weise herabgesetzt. Hier wird es zeigen, was es kann und soweit wie möglich selbstständig handeln. In einer wohltuenden Atmosphäre ist Platz für die kleinen und großen Probleme des Kindes, für Freude, aber auch für Gefühle wie Traurigkeit, Missmut und Wut. Im Interaktionsspiel mit einer erwachsenen Person erfährt das Kind Entlastung. Gemeinsam Spaß zu haben, vertreibt Ängstlichkeit und belastende Gefühle.

In Spielstunden entwickeln sich mitunter vertrauensvolle Gespräche und tiefgehende Rollenspiele. Während bildnerischer Gestaltungen öffnet sich so manches Kind emotional, baut Spannungen ab und sammelt neue Kräfte. Problematische Familienkonstellationen, materielle und gesundheitliche Sorgen der Angehörigen und gesellschaftliche Krisenzeiten gehen nicht spurlos an unseren Kindern vorbei. Wenn du spürst, dass das Kind eine Spielaktion, das Hören einer Geschichte oder das Malen und Kneten immer wieder machen möchte, gib ihm bitte Zeit und Raum, auch wenn deine eigenen Planungen erst einmal nicht umgesetzt werden können. Es wird einen Grund haben.

Manche Kinder haben zudem ein großes Bedürfnis nach Berührung und Zuwendung. Hier ist es ganz wichtig, die eigene Rolle nicht zu überschreiten. Das Kuscheln mit den Eltern ist natürlich etwas Anderes als mit der pädagogischen Fachkraft. Aber schon die Nähe durch das Nebeneinandersitzen beim Vorlesen oder das beruhigende Streicheln der Handoberfläche und ein lobendes Klopfen auf die Schulter tun dem Kind gut. Wenn du feststellst, dass es selbst das nicht möchte, es ihm gar unangenehm ist, ist das zu respektieren. Verständige Kinder habe ich vorher gefragt, ob ich ihre Hand anfassen darf, Hilfestellung geben kann oder näher an sie heranrücken darf. Meistens löst sich ein anfänglich distanziertes Verhalten von selbst. Falls eine Auffälligkeit der Wahrnehmungsempfindung dahintersteckt, findest du im Kapitel Wahrnehmung Spielmöglichkeiten.

Ich habe auch Kinder kennengelernt, die ein distanzloses Verhalten zeigen, die mich herzen und überschwänglich umarmen oder mir sogar einen Kuss geben wollen. Hier ist es notwendig, Grenzen zu zeigen: „Nein, das möchte ich nicht." Aber gleichzeitig anbieten: „Wir begrüßen uns am Anfang mit einem Händeschütteln" oder „Am Ende des Spiels können wir uns drücken.". Oder ich habe an das Abschlussritual erinnert. Indem du formulierst, was du nicht möchtest, zeigst du dem Kind auch Möglichkeiten, seine Grenzen und sein Missfallen unmissverständlich zu äußern.

Achtung: Zeigt dein eigenes oder das von dir betreute Kind wiederholt Auffälligkeiten im sozial-emotionalen Verhalten, ist der Austausch mit Eltern und Erzieher*innen wichtig und notwendig. Was könnten die Gründe dafür sein? Welche Kontaktbeziehungen hat das Kind? Lässt sich ein Muster erkennen? Steht es in der Kindergruppe oftmals abseits? Falls es Befürchtungen gibt, dass das Kind vernachlässigt, misshandelt oder missbraucht wird, gibt es in Kitas oder Frühförderstellen ausgebildete Kinderschutzfachkräfte. Hier kannst du deine Beobachtungen vertraulich mitteilen. Auch der regionale Kinderschutzbund kann dein Ansprechpartner sein. Bleib mit deinen Sorgen über das Kind nicht allein! Gemeinsame Gespräche können relativieren, klären und Möglichkeiten der Hilfe aufzeigen. Gegebenenfalls können weitere Schritte, z. B. Meldung an das Jugendamt, eingeleitet werden. Am Arbeitsplatz werden in der kollegialen Fallbesprechung, in der Supervision oder auf der Leitungsebene Sorgen geäußert und Entscheidungen gemeinsam getragen.

Wie sehr Zeit und Zuhören einen Einfluss darauf haben, dass das Kind sich öffnet und seine Gefühle in Worte fasst, zeigt das Gespräch mit Mike. Wir waren auf dem Spielplatz und spielten mit dem Ball. Als Mike ihn aus dem Gebüsch holte, rief er entsetzt: „Da liegt ein toter Vogel!" Wir deckten ihn mit einigen Blättern zu. Plötzlich sagte Mike: „Der hat einen Herzinfarkt gehabt." Erstaunt stimmte ich zu: „Ja, das kann sein!" Wir setzten uns auf die Bank. Beide waren wir eine Weile still und plötzlich brach es aus Mike heraus: „Opa hatte einen Herzinfarkt! Er ist tot!" Ich legte den Arm auf Mikes Schulter, sagte, dass es mir leidtue und fragte, ob der Opa krank gewesen sei. Jetzt berichtete er stockend von der dramatischen Situation, dass sein Opa plötzlich am Esstisch zusammengebrochen war, vom Krankenwagen mit Blaulicht, und dass Oma und Mama geweint hatten. „Und du hast alles miterlebt!", stellte ich mitfühlend fest. Ich konnte mir vorstellen, dass den Erwachsenen wegen der Organisation der Beerdigung und der Trauerbewältigung die Zeit fehlte, mit dem Kind über seine Traurigkeit und Angst zu sprechen. Wir saßen noch eine Weile zusammen, unterhielten uns über den Opa und streuten noch Sand über den Vogel, damit die Blätter nicht fortwehten. Mike wirkte gelöst, und gemeinsam gingen wir wieder ins Haus.
Es war gut, dass ich mich dem Jungen voll widmen konnte und nicht noch andere Kinder beaufsichtigen musste. Als Mike davon sprach, dass der Vogel einen Herzinfarkt hatte, habe ich dies nicht belehrend in Zweifel gezogen, sondern intuitiv zugestimmt. Er fühlte sich ernstgenommen. Zeit nehmen und Zuhören öffneten die Tür zu seinem Kummer.

Gemeinsam mit den Eltern dachten wir darüber nach, wie wir Mike Raum geben konnten, um das Geschehene zu verarbeiten. Die Mama besuchte einige Tage später mit ihm zusammen das Grab des Opas und sie pflanzten ein von Mike ausgesuchtes Blümchen.

Übrigens: Nahezu alle Erziehungsratgeber und Elternkurse vermitteln das aktive Zuhören und das Setzen von Ich-Botschaften. Im Internet finden sich viele Informationen unter diesen Stichwörtern zum Thema Kommunikation mit einem Kind.

Aktives Zuhören: Schon deine Körperhaltung zeigt, dass du zuhörst. Du beendest deine Tätigkeit, du setzt dich neben das Kind und schaust es an. Du achtest auf die Mimik und Gestik des Kindes. Schon am Gesichtsausdruck erkennst du oft, ob es traurig, verärgert, enttäuscht ist, aber natürlich auch, ob es sich freut. Du versuchst herauszuhören, was dein Kind meint, welche Botschaft sich hinter seinen Aussagen versteckt. Du spiegelst seine Gefühle, indem du wiederholst, was das Kind gesagt hat, oder aber das Gefühl entschlüsselst und mit deinen Worten wiedergibst.
Beispiele:
- Du bist traurig, weil wir jetzt nach Hause müssen!
- Es ärgert dich, dass die Erzieherin dich aus der Bauecke geschickt hat.
- Du freust dich schon sehr auf Opas Besuch bei uns.

Ich-Botschaften: Gemeint ist, das eigene Gefühl oder Bedürfnis in Worte zu fassen und zu begründen. Also von sich selbst zu sprechen und dabei das Kind nicht anzuklagen (Du-Botschaften). Im Zweierkontakt lässt sich ein Kind oft gut auf ein Gespräch ein und zeigt Verständnis. Durch dein Vorbild lernt es, eigene Gefühle und sein Missfallen, aber auch Positives fair zu äußern.
Beispiele:
- Ich freue mich sehr, dass du für Oma und Opa ein Bild gemalt hast.
- Ich mag es nicht, dass im Wohnzimmer mit dem Ball gespielt wird, weil etwas kaputtgehen könnte.
- Ich spiele sehr gerne mit dir, möchte aber, dass wir zuerst zusammen das Zimmer aufräumen, weil wir sonst nicht genügend Platz haben.

Zuerst wird es dir seltsam vorkommen, so zu sprechen. Aber je häufiger du Ich-Botschaften aussprichst, desto selbstverständlicher ist es.
Es gibt etliche Spielmöglichkeiten, die das Einfühlen in andere Menschen, das soziale Verständnis für die Gemeinschaft und das Zeigen eigener Gefühle und Stimmungen zulassen und stärken:
- Rollenspiele, Handpuppenspiele
- Fotoalben anschauen und Bilder beschreiben. Erinnerungen teilen
- Karten mit Gesichtern malen, die Gefühle durch Mimik ausdrücken

- Gemeinsam pantomimisch durch den Raum gehen wie ein fröhlicher, wie ein zorniger oder nachdenklicher Mensch usw.
- Regelspiele wie Obstgarten. indem entweder die Spieler*innen zusammen oder ein Rabe gewinnt (Solidarität ist das Thema)
- Achtsame Entspannungsübungen und Wahrnehmungsspiele
- Bilderbücher, Märchen, Geschichten vorlesen, erzählen, ausdenken
- Kreatives Gestalten, insbesondere das Malen und Kneten
- Mit Musikinstrumenten Gefühle ausdrücken

Da fällt euch sicher noch mehr ein ...

Jetzt, gleich oder später: Schnappt euch die nächstbeste Decke und los geht's. Je nach Lust und Vorerfahrungen bestimmt ihr beiden die Reihenfolge und die Machbarkeit der Vorschläge.
Die Decke verhüllt die sitzende erwachsene Person. Jetzt kann dieses „Deckenmonster" beginnen, sich zu beklagen, dass es nichts mehr sieht. Mit den Armen fuchtelnd versucht es, sich von der Decke zu befreien. „Hilf mir bitte", jammert es. Endlich wird es vom Kind befreit. Dankbar nimmt der Erwachsene es in die Arme. Und wenn es möchte, schlüpft das Kind jetzt in die Rolle des „Deckenmonsters".
Oder es legt sich auf die Decke und wird von dir über den Boden durch den Raum gezogen. Na, ob das auch umgekehrt gelingt? Sich gegenseitig in die Decke einwickeln und wieder auswickeln geht bestimmt. Habt ihr weitere Ideen? Am Ende kann die Decke über den Tisch oder zwei Stühle gelegt werden. In dieser „Hütte" sitzt ihr vertraut zusammen und esst Kekse. Vielleicht redet ihr zwei „Krümelmonster" ja auch über Gefühle.

Darum geht's: *Es ist so wichtig, die Persönlichkeit des Kindes zu respektieren und wertzuschätzen. Eltern stehen in der Verantwortung, ihrem Kind Geborgenheit zu geben, es entwicklungsgerecht zu begleiten und seine innere Stabilität zu festigen. Aber auch jede andere Bezugsperson trägt durch feinfühliges und zugewandtes Verhalten dazu bei, das Kind zu ermutigen und sein Vertrauen nicht zu enttäuschen.*

Ordnen – Sammeln – Sortieren

Dein Kind entwickelt ein Verständnis für Struktur und Aufgabe.

Wer vieles aufbewahrt, muss ab und zu Ordnung in die Sammlungen bringen. Doppeltes, Kaputtes oder nicht mehr Passendes wird aussortiert. Hochkonzentriert bin ich bei der Sache. Diese Arbeit kann sogar etwas Meditatives haben. Jeder Knopf, jede Perle wird in die Hände genommen und nach Größe, Farbe oder Material sortiert. Nachher bin ich erstaunt, wie viel Zeit vergangen ist.
Für Sammelleidenschaften benötigt man Aufbewahrungsbehälter. Mit einigen meiner Spielkinder habe ich Kartons in Serviettentechnik mit Motiven der Jahres-

zeiten beklebt. So haben wir Naturmaterialien von unseren Spaziergängen, Postkarten und Fotos oder allerlei Zierrat jahreszeitlich eingeordnet und aufbewahrt.

Sortieren, vergleichen, zuordnen – das ist in der Spielzeit immer wieder eine sinnvolle Aufgabe, die Konzentration und visuelle Wahrnehmung fördert. Utensilien wie Legeplättchen, Streublümchen, Tierfiguren können nach Größen, Formen und anderen Eigenschaften eingeteilt werden. Zuhause hilft das Kind z. B. beim Sortieren der Dinge in Küchenschubladen und Spielzeugkisten.

Ganz hervorragend zum Ordnen oder Transportieren, als Rahmen und Unterlage für das Material sowie als Spielbegrenzung eignen sich Montessori-Tabletts. In Ki-

tas stehen sie fertig bestückt und abholbereit im Regal. Diese Aktionstabletts bieten konkrete Aufgabenstellungen, wie etwa das Sortieren farblicher Knöpfe. Jedes ist nach Montessori nur einmal vorhanden. Das Tablett oder ein kleiner Teppich ist die Spielfläche. Nach dem Spielen wird alles wieder sorgfältig so platziert, wie es das Kind vorgefunden hat. Sortieren und Ordnen wird so, ganz im Sinne von Montessori, zu einem Ritual, das dazugehört.

Übrigens: Die Ärztin und Reformpädagogin Maria Montessori (1870–1952) erkannte, dass Kinder von der Geburt bis zum 6. Lebensjahr mehrere sensible Phasen durchlaufen, in denen sie eine große Aufnahmebereitschaft zeigen, bestimmte Fähigkeiten zu erlernen. Die Entwicklung der Sprache, der Sinne, der Musik und der praktischen Fertigkeiten erstrecken sich über die gesamten Jahre dieser Altersgruppe. Andere werden vermehrt bei den Ein- bis Vierjährigen beobachtet, wie die Liebe zu kleinen Dingen und das Interesse an Ordnung, Sortieren und Wiederholung, z. B. beim Puzzlespiel. Drei- bis Vierjährige entdecken das Zeichnen und Basteln. Die Drei- bis Sechsjährigen entwickeln eine Sensibilität für soziales Zusammenleben und Kommunikation. In den ersten zwei Lebensjahren macht das Kind große Entwicklungsschritte in der Motorik und Mobilität und im 3. Lebensjahr lernt es, Blase und Darm zu kontrollieren. Im Vorschulalter wächst das Verständnis für räumliche Beziehungen, abstrakte Aufgabenstellungen, für die Mathematik und das Erforschen.

Bei den von Montessori entwickelten Lernmaterialien kann das Kind in der Freiarbeit selbstständig konzentriert handeln und überprüfen, ob es erfolgreich war. Die Materialien sprechen alle Sinne an, fördern die Sprachentwicklung, das naturwissenschaftliche und mathematische Interesse und beinhalten lebenspraktische Übungen. Sie sind ansprechend und stabil gestaltet. Nach Montessori wird dem Kind zunächst das Hantieren gezeigt. So kann es eigenständig im Sinne des Leitsatzes „Hilf mir, es selbst zu tun“ üben.
Da nicht jedes Kind über die Ruhe, Selbstständigkeit und Geschicklichkeit verfügt, sich selbst Handlungen beizubringen, ist die Zusammenarbeit zu zweit ein gro-

ßer Vorteil. Hier können das Vorzeigen und Erklären wiederholt werden, hier kann notfalls eine feinfühlige Handführung das Handeln begreifbar machen. Durch das Miteinander erlebt das Kind ein motivierendes Erfolgserlebnis. Selbstverständlich zieht sich die Spielleitung zwischenzeitlich zurück, so dass das Kind eigenständig probieren und handeln kann.
Für die Spielzeit zu zweit muss kein zusätzliches Material angeschafft werden. Oftmals sind die Dinge schon vorhanden. Zudem haben sich handelsübliche Lernspiele von Montessori inspirieren lassen.

Zu Hause reicht ein einfaches Tablett, das von Kinderhänden gut getragen werden kann. In der mobilen Förderung habe ich u. a. rechteckige Blumenuntersetzer und Haushaltskästchen als Tabletts eingesetzt. Als deutliche Spielbegrenzung reicht oft sogar ein Tischset.
Fällt das Umschütten noch schwer, wird ein Tablett mit zwei Gefäßen, davon eins gefüllt mit Linsen, bestückt. Dem Kind wird das Umfüllen gezeigt und es wird ermuntert, diese Tätigkeit für sich allein zu üben. Erstaunlich, wie lange sich schon ein zweijähriges Kind darauf einlassen kann. So kann es auch das Umfüllen von Wasser üben und sich im Alltag bald selbst Tee eingießen.
Weitere Materialien, die die Selbstständigkeit fördern, sind Verschlussübungen wie Zuknöpfen und einen Reißverschluss zuziehen. Die Spielzeit ist eine wunderbare Gelegenheit, dies in Ruhe zu üben. Sei es mit der Kleidung der Puppe, des Teddys, dem Mitmachbuch oder eigenen Kleidungsstücken. In kleinen Kisten bereitgestellte Metallgegenstände und Tücher animieren zum Polieren sowie Schuhe zum Putzen mit Bürsten.

Viele andere Aktionen können so spielerisch geübt werden …

Beim Spiel „Blinde Kuh" geht es darum, dass die Spielenden durch Ertasten des Umrisses, z. B. eines Autos, dieses erraten und benennen. Bei einem neuen Spiel müssen diese Bilderformen zuerst aus Stanztafeln gedrückt werden. Im Spiel mit Julia schauten wir beide uns diese Tafeln genau an. Julia benannte einige Begriffe auf Anhieb, andere erarbeiteten wir gemeinsam. Ich drückte mit dem Finger auf das Auto. Was für eine Überraschung, als es herausfiel. So drückten wir nach und nach alle Formen aus der Tafel. Nachher suchten wir die passenden Stellen, um sie wiedereinzusetzen. Vergnügt drückte Julia die Bilder aus allen Tafeln aus, so lagen 40 Formen vor uns, die wir in ein Säckchen legten.
Beim nächsten Mal sortierten wir die Bilder nach Oberbegriffen: alle Fahrzeuge, alle Tiere zusammen. „Wo ist denn der Lastwagen?" Julia entdeckte ihn und setzte ihn in die ausgestanzte Stelle. Wir passten weitere Bilder ein. Oder wir zogen aus dem Säckchen jeweils ein Bild und setzten es in die Stanztafel ein. Wer hatte seine Tafel zuerst voll? Oder wir umschrieben die Eigenschaften eines in der Hand versteckten Bildes, ohne die korrekte Bezeichnung zu

nennen, die musste erraten werden. Erst sehr viel später spielten wir „Blinde Kuh" gemäß der Spielanleitung. So wurde aus diesem „Regelspiel zum Ertasten" gleichermaßen ein Ordnungsspiel, ein Puzzle, ein Gedächtnisspiel, ein Ratespiel und ein Sprachspiel. Ich habe seither die leeren Stanztafeln aus neuen Spielen aufbewahrt und in unser Spiel einbezogen.

Fortbewegungsmittel! Worin unterscheiden sich die beiden unteren Bildern?

Obst! Worin unterscheiden sich die beiden unteren Bildern?

Manchmal muss aussortiert werden. Weniger Spielzeug zu haben kann mehr sein. Ich spreche jetzt speziell Familien an. Aber es fällt ziemlich schwer, etwas wegzugeben. Daher solltest du dein Kind beim Ordnen seiner Spielmaterialien miteinbeziehen. Dafür braucht es Zeit und spielerisch durchgeführte Ideen. So könntet ihr für ein Wochenende ein Museumsregal einrichten, auch mit Dingen aus dem Haushalt, die nicht mehr benötigt werden. Ihr legt die Sachen vielleicht nach Größe oder Farbe sortiert auf Sets. Sie werden noch ein letztes Mal betrachtet. Das Babyspielzeug aus vergangenen Zeiten wird aufgereiht, so, dass es schön aussieht und fotografiert werden kann. Manchmal hilft es, sich eine bestimmte Anzahl zu setzen, die aussortiert werden soll. Ihr überlegt, mit welchen Gegenständen ihr noch spielt oder was ihr verschenken könnt, was ihr auf dem Flohmarkt anbietet, verpackt aufbewahrt oder in die Bastelkiste legt. Ihr zweckentfremdet Material und bestückt ein Aktionstablett damit oder baut ein Kunstwerk für den Garten.

Jetzt, gleich oder später: Ein besonderes Erlebnis ist das Gestalten eines Fensters oder Spiegels mit transparenter Fensterfolie. Du kannst zuvor Motive ausschneiden und zeigst dem Kind, wie diese ans Fenster gedrückt werden. Das Sonnenlicht leuchtet durch die bunte Folie und löst einen Aha-Effekt aus. Das Vorschulkind kann eventuell beim Schneiden mitmachen. Geordnet auf dem Tablett ausgelegt können aus geometrischen Formen an der Scheibe Häuser, Bäume, Autos etc. entstehen. Durch die ungewohnte Spielposition am Fenster verändert sich die räumliche Perspektive. Die bunte Scheibe kann vielleicht noch ein paar Tage so bleiben. Die Fensterfolie lässt sich gut abnehmen. Notfalls kann auch Transparentpapier mit wasserlöslichem Kleber fixiert werden.

Darum geht's: *Hat alles seinen Platz, gibt es dem Kind ein Gefühl von Beständigkeit und Übersichtlichkeit. Es erleichtert das Auswählen und die Auseinandersetzung mit einer Tätigkeit. Das Sortieren ist auch eine Vorbereitung auf die Mathematik. Da werden Dinge nach Merkmalen geordnet, nach Formen und Farben und gleichen Eigenschaften wie „essbar“ oder nach Materialien wie „aus Holz“. Vergleiche werden angestellt: „Das ist auch grün“, „Das ist größer als …“. Reihenfolgen werden gebildet, z. B. von klein nach groß. Daneben* übt *das Kind handmotorische Fähigkeiten und lebenspraktische Tätigkeiten spielerisch. Hat es eine Sache hinreichend erlernt, stellt es sich neuen Herausforderungen. Es lernt, loszulassen und abzugeben.*

Puzzeln – Probieren – Überlegen

Dein Kind übt sich in *Geduld und Ausdauer.*

Nicht selten antworten Eltern auf die Frage, womit ihr Kind gern spielt: „Es puzzelt so gerne." Eine Auswahl an Puzzlespielen habe ich in den meisten Kinderzimmern gesehen und in meine Frühfördertasche ebenfalls mindestens ein geeignetes Puzzlespiel eingepackt.

Für die Kleinen zu Beginn des zweiten Lebensjahres kommen die Einlegepuzzle mit Greifknopf in Frage. Ein vollständiges Bild wird in die passende Form in einem Brett gelegt. Die Motive sollten aus dem unmittelbaren Lebensbereich kommen. Zunächst wird abgewartet, was das Kind von sich aus mit dem Spiel macht. Versucht es schon, die Formen in die passenden Ausbuchtungen hineinzulegen? Oder probiert es ohne System drauflos? Schaut es dir aufmerksam zu, wenn du vormachst, dass das große Teil nicht in die kleine Form gehört? „Passt nicht, aber hier", und du wanderst mit dem Einlegeteil zu der großen Form. „Es passt", freust du dich. Jetzt probiert das Kind. Ahmt es dein Verhalten nach? Versucht es jetzt, das Teil in die richtige Form zu bringen? Ja, es ist schon auf dem Weg, nach dem Versuch-und-Irrtum-Prinzip zu lernen.
Verliert dein Spielkind das Interesse, kannst du behutsam beim richtigen Einlegen helfen. Danach wieder alleine probieren lassen. Wenn es eher zufällig klappt, trotzdem freuen. Es lernt durch Erfolgserlebnisse. Ermüdet es, benennst du die Einlegebilder und räumst sie wieder vor seinen Augen ins Brett. Das letzte Teil setzt das Kind alleine oder ihr beide zusammen ein. Fertig! In der nächsten Spielstunde holst du das Puzzle wieder hervor. Oder das Kind

hat die Möglichkeit, sich alleine damit auseinanderzusetzen. Gerne habe ich meinen Förderkindern ein Puzzle eine Woche lang überlassen.

Beherrscht das Kind dieses Prinzip, können Holzrahmenpuzzle aus einem einzigen Bild angeboten werden. Zunächst besteht es aus wenigen Teilen. Mit der Zeit kann sich das Kind auch an größeren Puzzlespielen aus Kartonpappe versuchen.

Es gibt Puzzleschachteln mit mehreren Bildmotiven. Das Kind und ich puzzelten nebeneinander, falls nötig mit gegenseitiger Hilfe. Danach tauschten wir unsere Puzzlebilder. Ich habe mich bei der Durchführung meines Puzzles dem Tempo des Kindes angepasst.

Du kannst ein Spiel interessant machen, indem ihr zunächst über das Bildmotiv sprecht. Du entfernst vor dem Spiel die Hälfte eines Puzzles, zusammen macht ihr es fertig. Oder du lässt einzelne Teile eines Puzzles aus einem Säckchen ziehen und ihr setzt sie zusammen ein. Bei fehlender Motivation stellst du das Puzzeln zurück und bietest es zu einem späteren Zeitpunkt erneut an.

Zuerst steht auch bei mehrteiligen Puzzlespielen das Versuch-und-Irrtum-Prinzip im Vordergrund. Mit der Zeit kommt immer mehr das Lernen durch Erfahrung, das Überlegen und Planen ins Spiel. Mit den Fünfjährigen kann systematisch vorsortiert werden. Die blauen Puzzleteile für den Himmel kommen nach oben. Die Räder des Autos gehören nach unten ins Bild. Die Puzzlestücke werden mit dem Finger umfahren. Teile mit einer geraden Kante bilden oft den Rand.

Dazu fällt euch sicher das eine oder andere ein …

Ein Highlight waren Riesenpuzzles, die auf dem Teppich zusammengelegt wurden. Das Foto eines Jungen im Fußballtrikot war abgebildet. Gar nicht einfach, die Arm- und Beinteile richtig hinzulegen. Wenn es fertig war, hat das Kind sich danebengelegt und mit einem Lächeln festgestellt: „Ich bin größer." Aus dem Abräumen der Puzzleteile entstand ein neues Spiel: Ich habe ein Körperteil des Kindes berührt (wenn möglich, hatte es dabei die Augen geschlossen). Dieses Puzzleteil holte sich das Kind. Oder umgekehrt, ich fühlte die Berührung und holte das Teil. Ich habe zurzeit nur kleine Körperpuzzle im Handel entdeckt. Solche Puzzles lassen sich aber selbst herstellen: Es wird ein großes Bild eines Menschen auf Pappe geklebt und in 5 bis 10 Teile geschnitten, die dann im Spiel wieder zusammengelegt werden. Oder das Kind legt sich auf ein großes Papier und du umrandest mit einem Stift seinen Körperumriss. Gemeinsam malt ihr die Körperform an. Beim nächsten Mal schneidet ihr entlang vorgezeichneter Linien und legt die Körperteile wieder richtig zusammen. Und nach einigen Wochen ist dein Kind bestimmt größer als dieses Puzzle.

Bild oben links: Klassisch

Bild oben rechts: Tierhälften als Dominospiel

Bild unten: Körperpuzzle

Puzzleteile lassen sich auch am Tablet, Smartphone oder Computer digital zusammenschieben. Das erfordert durchaus Geschicklichkeit. Werden Puzzle aber ausschließlich dort gemacht, fehlen wichtige feinmotorische, haptische und räumliche Erfahrungen.

Puzzleteile aneinanderzulegen, die keine Ausbuchtungen haben, ist gar nicht so leicht. Zeigt ein Kind Probleme, helfen zusätzliche Übungen zur Verbesserung der visuellen Übersicht und der Vorstellung des Körperschemas. So wird ein Foto mit einer Pappe verdeckt und durch langsames Wegziehen der Pappe gezeigt. Wie lange dauert es, bis das Bild erkannt wird? Oder ein großes Kalenderbild wird unter Schachteln versteckt und nach und nach werden Schachteln weggenommen.

Manches Dominospiel ist auch eine Art Puzzle. Ein Tierdomino kann viel Spaß bereiten, wobei die zerteilten Tierbilder zusammengelegt werden müssen. Und manchmal passen die gewählten Hälften nicht zusammen ... das sieht aber komisch aus! So ein Wesen lässt doch schmunzeln, oder? Dieser Quatsch macht Spaß. Und damit bin ich schon beim nächsten Buchstaben.

Jetzt, gleich oder später: Sucht Postkarten oder Fotos und macht eure eigenen Puzzle. Auf der Rückseite einer Abbildung in der Mitte eine Linie von Kante zu Kante ziehen und dort entlang schneiden. Jetzt ist ein Puzzle aus zwei Teilen entstanden. Mit der einen Hälfte genauso verfahren. Jetzt sind es schon drei Teile. Die Anzahl der Puzzleteile wächst mit jedem Schneidevorgang. Habt ihr mehrere Bilder zerteilt? Dann mischt alle und legt jedes als Einzelbild wieder vor euch zusammen. Ganz schön anspruchsvoll. Oder für die Kleinen schneidest du ein Foto einmal durch, z. B. von einem Baum, und ihr schiebt es wieder richtig zusammen, dabei sind Fehlversuche ausdrücklich erlaubt. Eure Puzzleteile finden nach dem Spiel in einer schönen Schachtel ihren Platz.

Darum geht's: *Das Puzzeln fördert die Hand-Hand- sowie die Auge-Hand-Koordination. Feinmotorische Fähigkeiten, wie der Daumen-Zeigefinger-Griff, sorgfältiges Anlegen, Ertasten der Puzzleformen und beidhändiges Arbeiten werden geübt. Das Kind lernt, konzentriert eine Aufgabe zu Ende zu führen. Ist es unruhig, ablenkbar und verliert die Lust, setzt die Spielbegleitung ein Ziel, indem sie vorschlägt noch zwei Teile anzulegen oder das Mitpuzzeln anbietet. Das Durchhaltevermögen des Kindes wird mit dem Erreichen des Zieles oder eines fertigen Bildes belohnt. Ein Kind lernt durch das Puzzeln strukturiert und systematisch zu agieren. Es bekommt ein Verständnis für Körperbild und Bildaufteilung.*

Quatsch machen – ausgelassen sein – Fröhlichkeit

Dein Kind sollte auch mal Unsinn machen dürfen.

Ist es nicht ein wunderbares Gefühl, wenn du vor lauter Schmunzeln und Lachen Kringel im Bauch hast? So manches Mal hat mich die fröhliche Ausgelassenheit eines Kindes und sein Sinn für Humor überrascht und herausgefordert, den Quatsch mitzumachen. Was da so alles passiert:

Da werden schon mal seltsame Striche auf's Papier gebracht oder der Pinsel bewegt sich wild hin und her, die Gesichter sehen so witzig aus oder die Haare stehen zu Berge.

Oder der Ball wird dahingeworfen, wo ich doch gar nicht stehe. Na so was! Bin ich denn an der Zimmerdecke?

Und vor einem Spiegel machen wir beide lustige Gesichter. Da rollen die Augen, die Stirn wird kraus und vielleicht wackeln sogar die Ohren.

Wir machen Stopptanzen. Wir erstarren in der Körperhaltung, sobald das Tamburin ertönt oder ich die Musik abschalte. Wie lustig stehe ich jetzt da und kann kaum noch die Balance halten. Und du erst.

Und auf dem Kinderherd werden die unmöglichsten Speisen gekocht. Da gibt es Legoschnitzel und Papiersalat. Ist das eine Hexenküche?

Wir vertauschen die Rollen: Ich bin das Kind Mia und Mia schlüpft in meine Rolle, ist Spielleiterin. Na, was ich (als Mia) jetzt alles machen muss. Und manchmal will ich das einfach nicht. Ein wunderbarer Rollentausch mit erstaunlichen Ergebnissen.

Oder ist Tier-Mix-Max etwas für euch zwei? Es ist ein Kartenlegespiel. Unterschiedliche Tiere sind in sechs Teile geteilt und können durch Würfeln zusammengelegt werden. So entstehen lustige Tiere mit Elefantenohren, Hasenbauch und Löwenbeinen. Die Figuren können auch ohne Würfel zusammengelegt werden.

Da fällt euch sicher noch mehr Quatsch ein …

Kleine Kinder lernen Humor zunächst dadurch, dass sie die Eltern beobachten und nachmachen. Diese machen Spaß, wenn sie z. B. so tun, als wollten sie die Rassel wegnehmen, es aber dann doch nicht machen. Nicht Ernstgemeintes erkennen, das können oft schon die Einjährigen. Das Erkennen von Spaß ist zunächst an die Bezugsperson gebunden. Macht ein Fremder eine komische Grimasse, kann ein Kind dies nicht einschätzen. Dass Mama oder Papa dann Spaß machen, wissen sie.

Humor ist eine kognitive Leistung, bedeutet es doch zu verstehen, dass unser Handeln in diesem Moment nicht ernst gemeint ist.
Ein Kind kann schon mal so albern werden, dass Schimpfwörter überhandnehmen. Hilft es nicht mehr, streng zu gucken oder den Finger an den Mund zu legen, wird unmissverständlich eine Grenze ausgesprochen.

Achtung: Falls die Ausgelassenheit bei all dem Unsinn zu groß wird, ist eine Rückführung notwendig. Eine Vorankündigung, dass die Spielzeit in drei Minuten zu Ende ist oder nur noch zwei Quatschwörter gesagt werden, helfen. Ein leises Sprechen der Spielleitung bringt Ruhe. Am Ende geht es wieder in die Realität und es heißt: „Die Quatschzeit ist vorbei! Du bist wieder das Kind und ich bin wieder die Mama / die Frau ..." Durch eine passende Geste, z. B. Streichen der Hände, wird diese Zurückführung untermauert. „Fertig!" bedeutet, jetzt ist Schluss.
Und noch etwas ist ganz wichtig: Die unter Dreijährigen können mit sprachlicher Ironie nichts anfangen. Sie verstehen nicht, was gemeint ist und es verunsichert sie. Also vorsichtig mit spöttischen Bemerkungen umgehen, wie z. B. „Das hast du ja richtig toll gemacht", wenn das Kind sich gerade von oben bis unten mit Farbe beschmiert hat.

Jetzt, gleich oder später: Ihr zwei könnt herrlichen Quatsch mit eurem Mund machen. Da werden die Lippen gespitzt, es wird geblubbert oder mit der Zunge gewackelt. Lachend erfindet ihr Quatschwörter. Das geht schnell und fast überall, wo man nicht leise sein muss. Die lustigen Wörter werden langsam oder ganz schnell gesprochen. Es kann auch dazu geklatscht werden. Da wird sich schon mal verhaspelt bei Wortschöpfungen wie „Ga-ri-gu-ri" oder „So-mi-ra-du" oder „Ra-ta-ta-tu-la". Jeweils abwechselnd vormachen und nachmachen oder auch gleichzeitig sprechen. Da ist Kreativität gefragt. Das Kurzzeitgedächtnis wird gefordert, die Mundmotorik und die Qualität der Aussprache geübt. Und dazu sollen noch Handbewegungen koordiniert werden. Eine wirkliche Herausforderung für euch beide, die durch die Freude am Quatsch gar nicht anstrengend ist.

Darum geht's: *Es stimmt, Ausgelassenheit und Fröhlichkeit sind herrliche Gefühle. Es macht Spaß zu kichern und sich vor Lachen zu kugeln. Das Rumalbern entspannt bei Ärger und Frust. Durch das gemeinsame Quatschmachen wird eine enorme Spiel- und Lernmotivation erreicht. Spaß und Fröhlichkeit bauen Sympathie, Nähe und ein Zusammengehörigkeitsgefühl auf. Menschen, die von Herzen zusammen lachen, mögen sich einfach.*

Rituale – Regeln – Reviere

Dein Kind erlebt Verlässlichkeit

Nein, keine Sorge, ein Erziehungskurs wird das jetzt nicht. In den allermeisten Fällen wird das Zusammenspiel zu zweit gut gelingen. Trotzdem, einem Kind fällt es nicht immer leicht, sich kooperativ zu verhalten. Und dem Erwachsenen fällt es bisweilen schwer, das richtige Maß an Autorität und Kompromissbereitschaft zu finden. Kindern eine Struktur zu geben ist Thema eines jeden Erziehungsbuches. In meinen Kursen habe ich gerne diese „drei R" vorgestellt: Die Erklärungen zu „Rituale, Regeln und Reviere" zeigen eindrucksvoll, worauf es ankommt (vgl. Meier / Richle 2002, S. 95ff.).

Rituale ziehen sich wie ein roter Faden durch den ganzen Tag

Das lateinische Wort Ritus bedeutet Zeremonie oder Brauch. Rituale sind zeitliche Ereignisse, die sich rhythmisch über den Tag (Vorlesen am Abend), die Woche (mittwochs Frühförderung) den Monat (Besuch bei Verwandten) oder das Jahr (Weihnachten) wiederholen.

Es ist hilfreich, wenn Beginn und Ende der gemeinsamen Spielzeit über wiederkehrende Rituale angezeigt werden. Sie bedeuten für das Kind Sicherheit in der Handlungsplanung. Mein Ritual zu Beginn einer Stunde wechselte je nach Alter und Individualität der Kinder und änderte sich manchmal im Verlauf der Fördereinheiten. So war bei einigen Kindern der sprachliche Austausch über Befindlichkeiten und Erlebnisse wichtig. Bei kleinen Kindern war die Wiederholung einer bekannten Spielaktion oder eines Fingerspiels das Anfangsritual. Manche Kinder müssen durch Bewegung in Schwung kommen, die unruhigen durch ein Entspannungsritual zur Ruhe kommen. Mitunter war das Anschlagen einer Klangschale ein starkes Signal zum Beginn der gemeinsamen Spielzeit.

Am Ende der Spielzeit stand oft als Ritual ein Vers mit gemeinsamer Bewegung der gefassten Hände: „Eins – zwei – drei, die Spielzeit ist vorbei. Eins – zwei – drei – vier, nächste Woche wieder hier."

Der Vers wurde spaßeshalber laut oder leise gesprochen – lachend, mit tiefer oder hoher Stimme, manchmal auch auf singende Weise. Ebenso waren die Handbewegungen zart oder heftig. Wie halt gerade so die Stimmung war. Da haben beide Spielpartner*innen ihre eigene Abstimmung über diese Ritualgestaltung.

Regeln erleichtern das soziale Zusammenleben

Das lateinische Wort „regula" bedeutet Maßstab, Richtschnur oder Richtlinie. Bestimmte Regeln und Normen erleichtern das gesellschaftliche Zusammenleben.

Im Spiel zu zweit erleichtern Regeln den Ablauf. Je jünger ein Kind ist, desto schwieriger ist es natürlich mit gemeinsamen Übereinkünften und Abstimmungen. Hier verfügen Erwachsene über mehr Erfahrung, Wissen und Zeitmanagement. Die Spielleitung bestimmt weitgehend das Geschehen. Trotzdem ist es wichtig, Regeln nicht willkürlich festzulegen. Wenn möglich, das Kind bei der Planung des Spielablaufs miteinbeziehen und seine Vorstellungen respektieren, natürlich ohne sich in Diskussionen zu verzetteln.

Im familiären Alltag und in der Freispielzeit der Kita können Spiele zu zweit sich plötzlich entwickeln. Der Vorteil ist, dass so spontan auf das Bedürfnis und Interesse des Kindes eingegangen werden kann. Der Besuch professioneller Spielpartner*innen setzt dagegen eine räumliche und zeitliche Planung voraus. So hatte ich einen Kalender, in dem die Förderzeiten festgelegt waren, aber möglichst so, dass sie für ein Kind am gleichen Wochentag stattfanden und die Spielzeit damit zu einem sich wiederholenden Ritual wurde.

Was aber, wenn ein Kind gerade dann nicht zu zweit spielen möchte? Vielleicht will es nicht aus der Gruppe, weil es mit anderen auf dem Bauteppich spielt? Eventuell ist es intensiv mit Malen beschäftigt oder es hat einfach keine Lust? In solchen Situationen habe ich individuell unterschiedlich reagiert. Entweder wartete ich im Gruppenraum oder zu Hause ab, bis das Kind mich wahrgenommen hatte und von sich aus seine Tätigkeit beendete. Oder ich setzte mich dazu und spielte eine Zeit lang mit. Zeichnete mein Kind gerade, hatte es die Wahl, das Blatt Papier in seine Schublade zu legen oder es in der Förderstunde fertigzustellen. Manchmal erlaubte ich, dass es eine Freund*in für ein gemeinsames Spiel mit in den Förderraum nehmen konnte. Diese flexiblen Abweichungen von der Regel sind hilfreich. Schließlich soll das Kind ja weiterhin gern mit mir spielen und lernen.

Es kam selten vor, dass ein Kind nicht mitspielen wollte und kein Vorschlag akzeptiert wurde. Falls doch, habe ich dem Kind zugeschaut, es angesprochen oder mich mit anderen Kindern befasst. So war ich während der ganzen Stunde konsequent präsent.
Mit Björn habe ich einige Wochen nur in der Gruppe gespielt. Und plötzlich war es kein Thema mehr. Kinder brauchen ihre individuelle Zeit, sich an neue Situationen und Personen zu gewöhnen. Oft hilft es, wenn sie Entscheidungen treffen können: „Sollen wir im Gruppenraum oder im Intensivraum spielen?“ So wird das Kind in seinem Wunsch nach Autonomie ernstgenommen und gestärkt.

Der sechsjährige Ralf hatte im Alltag Schwierigkeiten, Regeln zu akzeptieren und opponierte gerne. Einmal wollte er partout nicht mit mir gehen. Letztendlich überzeugte ihn der Blick in meinen Kalender mit den vielen Eintragungen, dass nur hier und jetzt Zeit zum gemeinsamen Spielen war.

Ein anderes Mal verweigerte er plötzlich zu Beginn der Förderung mit verschränkten Armen seine Mitarbeit. Den Grund seines Ärgers kannte ich nicht. Schließlich zog ich das Bilderlexikon aus der Tasche und teilte mit, dass ich es mir anschauen würde. Falls Ralf mitmachen wolle, könne er mir das sagen. Er akzeptierte es brummend, blieb aber sitzen. Interessantes las ich hörbar vor und fragte zwischenzeitlich freundlich: „Möchtest du das Bild auch sehen?" Es siegte die Neugier und wir tauschten unser Wissen aus. Am Ende der Spielzeit führten wir lachend unser Abschiedsritual durch. Eine solche Situation ereignete sich mit Ralf nicht wieder.

Wiederholen sich Verweigerungssituationen, ist die Suche nach einer Erklärung über den Austausch mit anderen Bezugspersonen wichtig. Das Beobachten der Gefühlsäußerungen im Spiel, das Führen gemeinsamer Gespräche mit dem Kind – das funktioniert oft besser als vermutet – hilft, das Verhalten zu verstehen. Ebenfalls ist das Reflektieren des eigenen Verhaltens sowie die Überprüfung, ob Spielangebote noch passend sind, unabdingbar.

Die Spielzeit zu zweit ist eine gute Möglichkeit, um ein Regelverständnis aufzubauen und die Einhaltung von Regeln zu beachten. Mir waren diese Regeln wichtig:

- Wir beenden ein Spiel, wenn wir fertig sind oder wir treffen eine Abmachung, wann wir aufhören, z. B. noch dreimal würfeln oder noch eine Seite im Bilderbuch anschauen.
- Wir räumen gemeinsam auf. Ich habe sicher mehr eingeräumt, aber darauf geachtet, dass das Kind möglichst die letzten Teile mit wegräumt.
- Wir sagen uns in Ruhe, wenn uns etwas nicht gefällt. Wir hören uns gegenseitig zu.
- Das Kind wählt ein Spiel, das wir zumindest kurzzeitig durchführen.
- Ohne Erlaubnis holt das Kind nichts aus meiner Tasche.

Achtung: Allgemein gültige Merksätze gelten auch für das Spiel zu zweit:

- Regeln und Grenzsetzungen auf das Notwendigste beschränken und konsequent einhalten. Ausnahmen bleiben Ausnahmen.
- Bei der Aufstellung ist das Alter des Kindes zu berücksichtigen. Regeln sollen nicht überfordern und müssen dem Entwicklungsfortschritt gemäß angepasst werden.
- Klare Aufforderungen äußern, wie z. B.: „Räume die Stifte bitte in die Schachtel."
- Regeln positiv formulieren wie „Sprich bitte leise" statt „Schrei nicht so laut". Das Kind mit Blickkontakt ansprechen.
- Kinder lernen aus den Folgen ihres Tuns. Daher erwünschtes Verhalten betonen: „Wenn wir die Bauklötze jetzt schnell einräumen, haben wir noch Zeit, uns das Bilderbuch anzuschauen."

- Klare Ankündigung einer Konsequenz: „Wenn du die Teile knickst, muss ich das Puzzle in den Schrank legen."
- Bei Gefahr sofort reagieren und handeln: „Ich halte dich jetzt an der Hand!"

Übrigens: Unter anderem durch Regelspiele, Rollenspiele, Lauf- und Raufspiele sowie Kreis- und Versteckspiele werden die Fähigkeiten, Regeln aufzustellen und einzuhalten, spielerisch geübt. Ohne Regeln führen Zusammenspiele leicht zu Ungerechtigkeiten und Frust.

Keine Regel ohne Ausnahme. Dann ist sie aber begründbar, macht in der jeweiligen Situation Sinn oder ist von hohem Wert (z. B. warte ich auf das Kind, bis die Nikolausbescherung in der Kindergruppe vorbei ist und verkürze gegebenenfalls die Spielzeit).

Zu den 3 R gehören auch Reviere.

Das Wort Revier bezeichnet laut Duden einen Bereich, ein Gebiet, einen Bezirk. Es ist ein Aufgabenbereich, in dem jemand sich zuständig fühlt oder tätig ist.

Es ist nicht schlimm, wenn es in verschiedenen Lebensbereichen unterschiedliche Regeln gibt. Ein Kind merkt schnell, wo welche Regeln gelten, es kennt die entsprechenden Reviere:

- In der Kitagruppe gelten die Regeln der Einrichtung, wo mehr Rücksichtnahme verlangt wird.
- Im Spielzimmer mit der Spielleiter*in gelten andere Regeln als im Gruppenraum. Hier ist mehr Raum zur individuellen Spielgestaltung.
- Zu Hause, in der Familie: das ist das Revier des Kindes. Hier verhält es sich in der Spielzeit mitunter bestimmender.
- Selbst kleine Bereiche sind eigene Reviere mit unterschiedlichen Gesetzen. Das Spielzimmer oder die eigene Spielecke, der eigene Platz am Tisch, die Mal- und Bastelbox, die Eigentumsschublade in der Kindergruppe.
- Der Spiel- und Förderraum war unser gemeinsames Revier zu zweit. Dieses Revier veränderte sich durch die Anwesenheit von Hospitanten. Deshalb verhielten sich Besucher passiv, damit das Kind und ich wie gewohnt agieren konnten. Bei wiederholter Anwesenheit wurden sie manchmal miteinbezogen.

Achtung: Die Spiel- und Fördertasche betrachtete ich als mein Revier. Dort durfte nicht unerlaubt ein Spiel herausgeholt werden.

Rollen – Werfen – Fangen

Dein Kind bringt etwas ins Rollen.

Der Ball ist rund und ein faszinierendes Spielgerät. Ein weicher Ball mit bunten Farben ermuntert ein Kleinkind zum Greifen und Lautieren. Durch seine rollende Bewegung verfolgt es ihn mit seinen Augen. Sobald es krabbeln kann, folgt es ihm. Das gegenseitige Zurollen des Balles fördert den Blickkontakt, das zielgerichtete Agieren und natürlich die spannende Freude am Zusammenspiel. So gehörte auch für Fröbel der Ball zu den wichtigsten Spielgaben.

Einen Ball sicher aufzufangen braucht seine Zeit. Im dritten Lebensjahr werden die Arme dem Ball entgegengestreckt, das Zupacken erfolgt zunächst verzögert und der Ball wird an die Brust gedrückt. Im Verlauf des vierten Lebensjahres wird der Ball immer sicherer mit den Händen gefangen und gehalten.

Das Rollen, Fangen und Werfen übt das Zusammenspiel von Händen und Augen. Ich habe es oft in die gemeinsame Spielzeit integriert. Das Angebot bestand aus unterschiedlichen Bällen, Luftballons, Säckchen oder Kissen, Reifen und Röhren. Einige Minuten mit dem Ball zwischen zwei Spieleinheiten waren oft eine willkommene Abwechslung. Nebenbei war der Übungseffekt in der motorischen Geschicklichkeit beachtlich. Manchmal hatte ich viele Bälle aus unterschiedlichen Materialien, Größen, Gewichten und Bewegungseigenschaften dabei.

Erste Fangübungen führte ich zunächst mit Kissen und Säckchen durch. Der Erfolg stellte sich so schneller ein. Es reicht ja oft nur ein Zipfel, der festgehalten wird, aber gefangen ist gefangen. Gut gemacht! Auch ein leicht aufgeblasener Luftballon fängt sich besser als ein praller. Die ersten Fangbälle sind oft mit Wolle oder Samtstoff umhüllt. Hier können kleine Hände nicht so schnell abrutschen.
Die Fang- und Wurfentfernung war zunächst sehr gering und erweiterte sich allmählich. Das Kind wurde ermuntert, die Arme ein wenig vom Körper weg zu strecken und die Hände etwas auseinander zu halten; so bereitete es sich schon auf das Fangen vor. In den Wohnzimmern meiner Förderfamilien benutzte ich einen Softball. Es sollte ja nichts kaputtgehen.

Achtung: Roll-, Wurf- und Fangspiele sollten stets mit einem Erfolgserlebnis abgeschlossen werden. Am Ende noch mal eine Übung wiederholen, die das Kind sicher beherrscht.

Konnte ein Kind die Fangtechnik nicht umsetzen, habe ich eine dritte Person gebeten zu werfen. Ich stellte mich hinter das Kind und führte die Arme beim Fangen des Balles. Danach zog ich mich wieder zurück. Das zielgerichtete Zuwerfen erfordert eine gute Einschätzung der Entfernung und des Krafteinsatzes. Auch hier ist der Übungsfaktor nicht zu unterschätzen.

Übrigens: Wie hilfreich es ist, wenn eine Person Bewegungen mit dir ausführt, habe ich im Tanzkurs selbst gespürt. Die Tanzlehrerin positionierte sich hinter mich, leg-

te in Tanzhaltung ihre Arme über meine Arme und ihre Füße führten meine Füße. So unterstützte sie die komplizierte Schrittfolge, die ich nur durch Anschauen und Erklären nicht umsetzen konnte.

Auch beim Rollen, Fangen und Werfen gibt es viele Varianten für das gemeinsame Spiel:

- Bälle über Tisch, Bänke und andere Hindernisse rollen oder durch den Kriechtunnel sowie unter Stühlen, Hocker rollen.
- Kegelspiel: Becher, Flaschen oder kleine Bälle auf Papprollen mit dem rollenden Ball umwerfen.
- Luftballons in die Höhe werfen und immer wieder mit der Hand darunter schlagen, damit er in Bewegung bleibt.
- Schwebende Luftballons mit den Fingern, dem Fuß antippen oder mit dem Knie, der Schulter, dem Kopf, dem Bauch oder dem Po berühren.
- Schwere und leichte Materialsäckchen, gefüllt mit Sand, Bohnen, Getreide, Korken, in eine Kiste werfen. Den Abstand mit der Zeit vergrößern. Zum Befüllen eignen sich Schlauchverbände, Strümpfe und Stoffsäckchen.
- Sortieren von Bällen in klein und groß oder nach Farben.
- Ringe über mit Sand oder Wasser gefüllte Flaschen werfen. Den Abstand für große oder kleine Personen anpassen.
- Den Ball durch einen Reifen rollen, werfen oder schießen.

- Den Ball mit einem Fuß anstoßen, wegschießen, trippeln, mit dem Fuß festhalten und Fußball spielen.
- Viele unterschiedliche Bälle in einem Eimer sammeln und diesen umkippen. Beobachten wohin sie rollen. Ihr beauftragt euch gegenseitig, welcher Ball jetzt zurück in den Eimer geworfen wird: „Hol bitte den kleinen roten Ball!“ oder „Wirf den dicken Ball in den Eimer!“.

Da fällt euch sicher noch so manches ein ...

Jetzt, gleich oder später: Können eure Füße den Ball auch anfassen? Ja! Dazu legt zuerst zwei verschiedenfarbige Wolldecken oder große Handtücher mit etwas Abstand voneinander auf den Boden. Auf einer Decke sammelt ihr Bälle, große und kleine. Nun versucht ihr nacheinander, einen Ball, der nicht so rutschig ist, zwischen eure Füße zu klemmen. Ohne Socken geht es besser. Helft euch gegenseitig. Alle Bälle sollen von der einen auf die andere Decke abgelegt werden. Also Ball zwischen die Füße klemmen, hochheben, Füße

So viele unterschiedliche Bälle. Aber wer hat sich da verirrt?

mitsamt Ball hin zur anderen Decke schwingen und dort ablegen. Zurück zur Decke mit den vielen Bällen und das gleiche immer wieder, bis die Decke leer ist.
Falls ihr Lust habt, könnt ihr im Wechsel die Balldecke mit den Füßen abräumen und dabei auf die Uhr achten. Wer ist schneller, sind es die großen oder die kleinen Füße? Wer möchte, kann danach entspannt mit den Füßen über die Bälle rollen oder sie in einer mit Bällen gefüllten Schüssel baden.

Darum geht's: *Ein Kind liebt es, mit dir zusammen mit dem Ball zu spielen. Bei all dem Spaß wird die Hand- und Körpermotorik, die Auge-Hand-Koordination und die Reaktionsfähigkeit geschult. Der Umgang mit Bällen in vielen Größen und aus unterschiedlichen Materialien fordern immer wieder dazu auf, sein Rollen, Werfen und Fangen den speziellen Eigenschaften des Balles anzupassen. Beim Ballspielen draußen kann das Kind seinen Bewegungsdrang ausleben, und drinnen lernt es sich umsichtig Platz zu schaffen und Regeln einzuhalten.*

Sprechen – Hören – Fingerspiele

Sprachliche Begleitung erweitert die Sprechfreude deines Kindes.

„Mit kleinen Kindern muss man ganz viel sprechen!", sagte meine Großmutter oft. Und recht hatte sie.

Miteinander kommunizieren, das heißt nicht nur miteinander sprechen, sondern zuerst Blickkontakt aufnehmen, Lächeln, mimisches Spiel mit Augen, Nase, Mund, Summ- und Lalldialoge, Gesten, Spielen mit den Fingern; kurz das ganze Repertoire der vorsprachlichen Kommunikation.

Dazu habe ich mich gern auf den Boden gesetzt mit dem Rücken an eine Wand gelehnt, das Baby zwischen Bauch und meinen angewinkelten Beinen. Die Position des Kindes wurde durch ein festes Kissen unter seinem Rücken verstärkt. So waren auch minimale Lageveränderungen und sanfte Schaukelbewegungen möglich. Dadurch hatten wir die Möglichkeit, uns anzuschauen, ein liebevolles Mienenspiel durchzuführen, sowie miteinander zu lautieren (Babytalk). Ein empfohlener Abstand von ca. 25 bis 30 cm zwischen unseren Gesichtern wird damit erreicht. Es war für Julian, ein „Frühchen", in seinem ersten Lebensjahr ein sehr sinnvolles Förderspiel. Körperliches Wohlbefinden, aber auch Unbehagen wurden sofort wahrgenommen und es konnte entsprechend darauf reagiert werden. Meine etwas erhöhte Stimmlage, das Lächeln und Summen bewirkten Dialoge, die wiederum Julians Lautäußerungen und Mienenspiel manchmal ein wenig verändert widerspiegelten. Die Eltern beobachteten von Zeit zu Zeit unser Kommunikationsspiel und fühlten sich in ihrem intuitiven Verhalten bestärkt.

Allmählich werden aus den Lallwörtern des ersten Lebensjahres, wie „mammam", richtige Wörter. Oft sind es zuerst „Mama" und „Papa". Bei der Echolalie wiederholt das Kleinkind gehörte Wörter. Es entstehen Eigenproduktionen wie „dideldid" für „dies dort". Der Wortschatz wird immer umfangreicher. Zunächst spricht das Kind Einwortsätze. Das Sprachverständnis nimmt zu, und auf einfache Aufforderungen und auch auf ein klares „Nein" reagiert es. Es kann aber Verbote zunächst noch nicht befolgen. Schließlich entstehen im zweiten Lebensjahr Zweiwortsätze und zunehmend Mehrwortsätze. Der sprachliche Austausch nimmt zu. Schwierige Wörter werden nicht immer richtig artikuliert und Sätze sind grammatikalisch verdreht. Dies verliert sich nach und nach. So werden die Sätze bis zum sechsten Lebensjahr immer vollständiger und komplexer. Undeutlichkeiten in der Aussprache, grammatikalische Auffälligkeiten, die Echolalie nehmen also beim Kind im Laufe der Entwicklung zunehmend ab. Bleiben sie bestehen, ist eine gezielte logopädische bzw. sprachtherapeutische Behandlung notwendig.

Es ist sehr sinnvoll, dass die jeweilige Bezugsperson gemeinsame Spiele und alltägliche Tätigkeiten, wie das Tischdecken, sprachlich begleitet. Sprachliche Vorbilder sind maßgeblich an der positiven Sprachentwicklung des Kindes beteiligt.
Wächst ein Kind zweisprachig auf, ist es nach heutiger wissenschaftlicher Ansicht kein Nachteil für die Sprachentwicklung (vgl. Fortbildungshandbuch von „Wach, neugierig, klug", Verlag Bertelsmann Stiftung Gütersloh 2008, DVD und Textheft, S. 27).

Achtung: Es ist wichtig, mit dem Kind die korrekten Wörter zu gebrauchen, also nicht „Hamham" für Essen oder „Wauwau" für den Hund.

Während meiner Berufstätigkeit habe ich es immer wieder mit Kindern zu tun gehabt, deren Sprachentwicklung auffällig war oder bei denen eine große Diskrepanz zwischen passivem Wortschatz und aktiver Sprache bestand. Entwicklungsverzögerungen, auditive Wahrnehmungsprobleme, psychische Belastungen, Behinderungen, familiäre Veranlagungen, Reizüberflutung sowie Fremdsprachigkeit können Ursachen einer Sprachentwicklungsverzögerung sein. Auch in diesem Bereich ist also ein enger Austausch der Bezugspersonen und Fachkräfte nötig. Hörschwierigkeiten und anhaltende Artikulationsschwierigkeiten bedürfen der medizinischen Abklärung und können unter Umständen durch ärztliche Eingriffe behoben werden.

Im gemeinsamen Kontakt mit dem Kind bitte sein Sprachverhalten nicht korrigieren. Das ist Entmutigung und hemmt die Sprechfreude. Besser ist die Wiederholung des Wortes oder Satzes durch richtiges Aussprechen, ohne das Kind auf seinen Fehler aufmerksam zu machen, das sogenannte „korrektive Feedback". Sagt das Kind „Ich habe gegesst", erwiderst du: „Schön, dass du alles gegessen hast." Selbstverständlich sollte das nicht ständig passieren.

Zurück zu Julian. Die Förderschwerpunkte waren Anregungen des vestibulären Systems (Gleichgewicht) und der Sprache. In der beschriebenen Sitzposition konnten sehr gut Klatsch- und Fingerspiele durchgeführt werden. Wir beide schauten uns an, lachten und lautierten miteinander.
Zwischenzeitlich schaukelten die Mutter und ich Julian sanft in einem Betttuch. Einige Zeit später schaukelten wir lebhafter und auf unterschiedliche Weise. Beim Schließen und Öffnen des Tuches hatten wir Spaß, ihn wieder mit einem großen „Hallo" zu begrüßen.

Ich bin mit Julian auf dem Arm durch den Raum gegangen. Wir betrachteten einzelne Gegenstände, berührten sie und bezeichneten sie mit dem passenden Wort: „Tisch, Tischdecke, Teller, Löffel" und „Wo ist der Teller" und „Da ist er." „Das ist dein Teller". Wir sahen uns Abbildungen dieser Sachen in einem von der Mutter gestalteten Fotobilderbuch an. Später, als er mit mir an der Hand gehen konnte, haben wir den Umfang des Lernens von Wörtern erweitert und draußen kleine Spaziergänge gemacht.

Übrigens: Ich freue mich heute sehr, wenn ich junge Eltern sehe, die ihr kleines Kind beim Spaziergang ab und zu aus dem Kinderwagen nehmen und ihnen die wundersamen Dinge am Wegesrand erklären.

Bei den Vorschulkindern sind Rätsel sehr beliebt. Sie erfordern gutes Zuhören. Dazu habe ich einfach diverse Tierfiguren in die Mitte des Tisches gelegt. Alle Tiere wurden benannt. Es folgte das Rätsel: „Es ist grau und hat einen Rüssel." (Elefant) „Es kann fliegen und hat einen Schnabel." (Vogel) Die erratene Figur wurde weggenommen. Beim Rollenwechsel fiel es manchem Kind schwer, selbst eine Rätselfrage zu stellen und es gab mir das gleiche Rätsel auf, wie ich ihm zuvor. Das ist nicht schlimm, zeigte mir als Frühförderin aber, dass Sprachspiele und freies Erzählen ein wichtiger Förderschwerpunkt für dieses Kind sind.
Aus einem Vielerlei von Figuren (Überbleibsel aus anderen Spielen) wird ein bestimmtes Teil auf Zuruf herausgekramt.
Beim Spiel „Aufpassen" wird eine kleine Geschichte vorgelesen oder erzählt. Wird eine bestimmte Figur oder ein Gegenstand in der Geschichte genannt, so wird zugegriffen. Wie viele Figuren hat das Kind gehört und schließlich vor sich liegen?

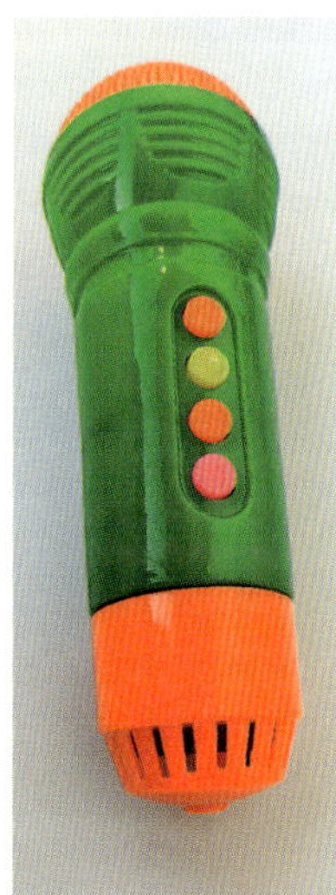

Gutes Zuhören und deutliches Artikulieren braucht es auch bei Sprachspielen wie „Sprich genau, Hör genau".
Beliebt ist das Spiel „Alle Vögel fliegen hoch". Ihr klopft mit den Händen auf den Tisch oder eure Oberschenkel. Du beginnst „Alle Tauben fliegen hoch." und hebst deine Hände hoch. Das Kind genauso, denn es stimmt ja, Tauben fliegen. Nochmal: „Alle Autos fliegen hoch!" und du hebst die Hände. Das Kind setzt gerade an. Aber halt, Autos fliegen nicht. Rechtzeitig erkannt. Jetzt versucht das Kind, dich reinzulegen. Gelingt es?

Einen sehr hohen Aufforderungscharakter zum Sprechen hatte mein sprechender Bär besonders bei Emma, zu der ich – wie zuvor geschildert – mit Hilfe der Handpuppen Kontakt aufbauen konnte. Wenn man auf den Bauch des Bären klopft, nimmt ein kleines Mikrofon in seinem Inneren die Sprache auf. Klopft man erneut, wird genau dieser kurze Satz von einem Abspielgerät im Bären wiederholt. Das hat einen Überraschungseffekt und macht Spaß.

Auch ein blinkendes Mikrophon mit Verstärker hat Emma und andere sprachgehemmte Kinder animiert, laut und mit fröhlicher Gestik ein Lied zu schmettern. Im Zirkus-Rollenspiel eignete es sich für die Rolle der Moderation, um anzusagen, welches Kunststück aufgeführt wird. Auch CD-Player und neuerdings Toniboxen haben ihren Reiz sowie elektronische Stifte mit dazugehörigen Puzzeln und Büchern. Sie eignen sich, um Abwechslung in das Hören und Sprechen zu bringen. Kleine Kinder haben ganz schnell raus, was sie tun müssen, damit die Musik oder Geschichte beginnt.

Achtung: Aber bei aller Freude an Technik, das Selberproduzieren von Geräuschen schult die differenzierte auditive Wahrnehmung und das Zusammenspiel der Sinne. Die Lautstärke des Topfschlagens erfordert je nach Material einen anderen Körpereinsatz als ein elektronisches Gerät.
Menschen unterstreichen durch ihre Gestik das Erzählen. Ihr Mienenspiel teilt Gefühle passend zur sprachlichen Äußerung mit. Ihr feinfühliges Verständnis geht unmittelbar auf die Bedürfnisse des Kindes ein. Die Elektronik kann das nicht.

Fingerspiele vermitteln innige Nähe und Gemeinsamkeit in besonderer Weise. Sprache und Handmotorik werden gleichzeitig ausgeführt und der Inhalt prägt sich gut ein. Reime und Fingerspiele, die auf einen gerade erlebten Schmerz eingehen, haben zudem eine tröstende Wirkung.
J. Friedl unterstreicht dies so: „Eine intensive Beziehung sowie die Bereitschaft, Zeit zu schenken ist eine entscheidende Wurzel der Sprachentwicklung" (Friedl 2007, S. 10).

Zur deutlichen Aussprache gehört auch eine gute Mundmotorik. Lippenübungen und Zungenbewegungen eignen sich als kurzweilige Zwischenspiele. Und natürlich fördert ein abwechslungsreiches und nicht zu weiches Essen die Kaumuskeln.

Folgende Aktionen dienen der Kommunikation und der Spielfreude:
- Sprachliche Begleitung im Alltag und bei gemeinsamen Tätigkeiten
- Bilderbuchbetrachtungen, Erzählen von Erlebnissen, Märchen
- Fingerspiele, Kniereiter, lustige Reime
- Worträtselspiele, Zungenbrecher, Quatschwörter
- Geschichtensäckchen, wie im Kapitel „Erzählen" beschrieben
- Gemeinsames Singen, Unterscheiden von Geräuschen und Klängen
- Bewegungslieder singen, mit Reimen und Klatschen begleiten, Silben klatschen, Fußstampfen im Rhythmus, Tanzen
- Regelspiele mit sprachlichen Aufgaben wie „Papperlapapp".

Da fällt euch sicher noch vieles ein ...

Jetzt, gleich oder später: Fingerspiele können fast überall und immer durchgeführt werden. Sie können selbst ausgedacht werden. Vielleicht kennt das Kind eines aus der Kindergruppe und kann es auswendig? Gibt es ein Lieblingsfingerspiel? Hier zwei überlieferte Spiele zur Erinnerung:

Das ist der Daumen,
der schüttelt die Pflaumen,
der hebt sie auf,
der trägt sie nach Haus,
und der Kleine isst sie alle auf.
(Zuerst eine Faust machen und nach und nach die Finger hochheben)

Zehn kleine Mäuschen krabbeln hin und her.
Zehn kleine Mäuschen finden das nicht schwer.
Zehn kleine Mäuschen krabbeln auf und nieder.
Zehn Meine Mäuschen tun das immer wieder.
Zehn kleine Mäuschen krabbeln ringsherum.
Zehn kleine Mäuschen finden das nicht dumm.
Zehn kleine Mäuschen spielten mal Versteck.
Husch, husch, husch, sind alle Mäuschen weg.
Hopsasa, hopsasa, alle Mäuschen sind wieder da.

Darum geht's: *Nahezu alle beschriebenen Spielmöglichkeiten von A-Z dienen auch der sprachlichen Förderung, denn diese steht immer im Zusammenhang mit der Entwicklung des Denkens, dem Zusammenspiel aller Sinne und mit feinmotorischen Übungen. Sprach- und Bewegungszentrum sind stark vernetzt. Das Zusammengehörigkeitsgefühl beim gemeinsam gesungenen Lied, beim Erklären der Umwelt und dem sprachlichen Austausch über Erlebtes macht die Empfehlung meiner Großmutter so wertvoll: „Mit kleinen Kindern muss man ganz viel sprechen!"*

Spielen, sprechen, erzählen mit dem Kamishibai

Themen – Handlungen – Projekte

Dein Kind beschäftigt sich ausgiebig und zielgerichtet mit einem Thema.

Es macht viel Freude und Spaß, sich mit einem Thema einige Spielstunden lang ausführlich zu beschäftigen und gemeinsam mit dem Kind einen Spielplan zu entwickeln. Viele für das Kind wichtige Förderschwerpunkte können hier einfließen. Wissen wird vermittelt, die Kreativität wird angeregt, die Handlungsplanung und das zielgerichtete Spiel- und Arbeitsverhalten gefördert. Am besten eignet sich natürlich ein Thema, das dem augenblicklichen Interesse des Kindes entspricht und das in dem Zeitraum des Projektes in „aller Munde" ist.

Wie wäre es denn im Sommer mit dem Thema Erdbeeren? Ich denke dabei an die fünfjährige Lilly. Bei dem sehr aufmerksamen Mädchen war die Förderung des Zutrauens in die eigenen Fähigkeiten ein wichtiger Förderschwerpunkt.

Angefangen hat es mit einer Unterhaltung über den Geburtstagskuchen eines Gruppenkindes. „Es gibt Erdbeertörtchen", sagte Lilly, „die sind lecker." Ich habe ihr versprochen, unsere Spielstunde rechtzeitig zu beenden, damit sie nichts verpasst.
In der nächsten Stunde brachte ich eine Erdbeerpflanze im Blumentopf und einige reife Erdbeeren zum Essen mit. Wir sahen sie uns genau an. Lilly stellte fest, dass eine Frucht schon rot war. Ich fragte, ob sie jetzt Erdbeeren malen oder lieber ein Märchen über Erdbeeren hören möchte. Ich hatte mich in der Vorbereitung auf beides eingestellt. Da Lilly Geschichten liebte und richtig gut zuhören konnte, wählte sie die Erzählung des Märchens „Erdbeerpflücken" (siehe Anhang). „In der nächsten Stunde malen wir Erdbeeren mit Wasserfarbe", kündigte ich an.
Mit der Mutter telefonierte ich nach der Malstunde und erzählte, wie begeistert Lilly bei der Sache war. „Das trifft sich gut, ich gehe heute Nachmittag mit ihr zum Erdbeerpflückfeld", erwiderte sie. „Und am Wochenende kochen wir Marmelade."
In der darauffolgenden Woche erzählte Lilly davon. Ich legte einige Erdbeeren aus Stoff im gesamten Raum auf den Boden. Das Mengenverständnis wurde geübt: Jede sagte der anderen, wie viele Erdbeeren sie „pflücken" sollte, diese wurden dann in ein Körbchen gelegt.
Beim nächsten Termin überraschte ich Lilly mit meinem Kamishibai-Erzähltheater und erzählte mit großen Abbildungen und Materialien noch einmal das „Märchen vom Erdbeerpflücken". Und Lilly durfte dafür zwei Freund*innen aus der Gruppe zur Vorstellung einladen.

Für die Projektarbeit eignen sich einige Themen besonders gut:

- Jahreszeitliche Besonderheiten (Frühlingsblumen, Sommerfrüchte, Herbstblätter, Winterwetter)
- Landschaften (Meer, Gebirge, Fluss, Wald, Wiese)
- Bilderbuchgeschichten (Raupe Nimmersatt, Lauras Stern, Elmar)
- Feste und Feiern (Karneval, Ostern, Erntefest, Weihnachten)
- Erlebnisse (Tierpark, Kirmes, Spielplatz)

Da fällt euch sicher noch vieles ein …

Jetzt, gleich oder später: Schon mal was von einem Guckkasten gehört? Ihr könnt zwar jetzt gleich anfangen, aber ein bisschen dauert seine Fertigstellung – ist ja ein Projekt. Zuerst braucht ihr eine leere Pralinenschachtel, einen Schuhkarton oder Ähnliches. Dann wird oben oder an einer Seite ein Loch ausgeschnitten oder geprickelt und mit Transparentpapier unterlegt. Eine unbeklebte Öffnung kommt an die Vorderseite, so groß, dass ihr mit einem Auge durchschauen könnt. In der Schachtel werden Boden und eventuell die

Seiten mit Papier zum Thema beklebt, bewusst nicht glatt. Passende gesammelte Kleinigkeiten (Bonbonpapier, Knöpfe, Figürchen usw.) werden eingeklebt. Am besten geht es mit Bastelkleber, der transparent trocknet. Auf dem Foto sind es Szenen aus dem Erdbeermärchen mit Zwerg, Wiese und Krone. Auf dem anderen Foto Glitzersachen. Ist alles trocken, wird die Schachtel geschlossen, aber bitte nicht zukleben. So könnt ihr immer etwas verändern. Ihr haltet die transparente Öffnung vor eine Lichtquelle und schaut durch die andere. Nanu, staunt über diese kleine Wunderwelt im Guckkasten, die ihr zusammen gestaltet habt.

Darum geht's: *Projektarbeit ist ein tolles Gruppenerlebnis. Auch zu zweit animiert es über einen längeren Zeitraum hinweg zum gemeinsamen Planen und Fertigstellen. Das Projekt soll den Entwicklungsmöglichkeiten des Kindes entsprechen, neue Herausforderungen bieten und die Neugier wecken. Unterschiedliche Spiel- und Lernbereiche werden angesprochen und die Selbstwirksamkeit des Kindes durch aktives Handeln gestärkt. Wiederholungen von Tätigkeiten festigen die erworbenen Fähigkeiten. Wird das Ergebnis anderen Personen vorgestellt, steht das Kind im Mittelpunkt, es erlebt sich als wichtig und bedeutend. Ein besonderes Event am Ende macht das ganze Projekt rund und besonders.*

Übungen – Aufgaben – Arbeitsblätter

Dein Kind wächst mit seinen Aufgaben.

Nein, ganz ohne Üben geht es nicht. Lebenspraktische Tätigkeiten zu erlernen, wie selbstständiges An- und Ausziehen, Toilettenbenutzung, Zähneputzen, Umgang mit dem Essbesteck, ist notwendig und wird individuell sehr unterschiedlich bewältigt. Sie bedürfen eines Vorbilds, der Übung und des Zuspruchs. Das Erlernen lebenspraktischer Tätigkeiten macht im Zweierkontakt viel Sinn, besonders im häuslichen Bereich und in Kitas.

Kinder wachsen durch überschaubare Aufgaben und Aufträge. Schon die ganz kleinen helfen gern, sie ahmen Tätigkeiten nach. Man tut gut daran, ihnen z. B. einen Lappen in die Hand zu geben, damit sie beim Staubwischen helfen, falls sie Interesse zeigen. Solche Momente der gemeinsamen Zeit ergeben sich natürlich im häuslichen Alltag immer wieder. Aber auch in der Förderstunde kann ein Kind ganz bewusst an Arbeiten beteiligt werden. So haben wir gemeinsam Pakete ausgepackt. Ich habe das Kind beauftragt, die Schutzfolie des neuen Spielkartons oder Bilderbuches zu entfernen. Zusammen haben wir meine Fördertasche sortiert, den Tisch abgewischt und die Buntstifte angespitzt.

Abbildungen S. 150 und 151: Die Zweijährige beobachtet, wie die Oma die Gartenmöbel säubert …

Das Zubereiten von Speisen war in der Kinderküche der Frühförderstelle und manchmal auch in der Familie und in der Kita möglich. Vor dem Kochen überlegte ich mit dem Kind, welche Lebensmittel und Töpfe wir benötigten. Das Rezept und die benutzten Utensilien malte ich in der Reihenfolge der Zubereitung auf eine Tafel oder auf ein Blatt Papier.

Achtung: Vorher abklären, ob Speisenunverträglichkeiten oder Allergien beim Kind auftreten können!

Um alles in Ruhe machen zu können, bereiteten wir nur ganz einfache Speisen während der Förderstunde zu. So blieb noch genügend Zeit, um mit dem Kind zu essen bzw. zu trinken. Es ist wirklich ein schönes Erlebnis, mit dem Kind am gemeinsam gedeckten Tisch

- die in Butter geschwenkten Nudeln mit gemeinsam geschnittenem Schnittlauch zu essen.
- eine Gurke in Scheiben zu schneiden (je nach Fähigkeit mit oder ohne Handführung) und mit Pfeffer, Salz und einem Löffel Öl einen Gurkensalat anzurichten.
- aus Milch und Pulver einen Pudding anzurühren und mit Streuseln zu verzieren.
- eine Quarkspeise mit Himbeeren fertigzustellen.

... und hilft konzentriert beim Abwischen ...

... und später mit Papa beim Möbelzusammenbauen!

- eine Orange in zwei Hälften zu schneiden (Handführung zunächst notwendig) und mit der Hand über der Zitronenpresse und der halben Frucht selbst Saft zu pressen (Handführung ist oft nur am Anfang und am Ende notwendig).
- Wasser zu kochen, um darin einen Früchtetee ziehen zu lassen, ihn in der Tasse mit Honig zu süßen, zu rühren und abzuwarten bis er trinkbar abgekühlt ist und einen leckeren Keks dazu zu knabbern.
- aus einer kleinen Menge Teig einfache Kekse zu backen und den Backvorgang im Ofen zu beobachten und zusammen zum Mitgeben in eine Schachtel zu packen.

Da fällt euch sicher so mancher Zubereitungszauber ein ...

Auch für Eltern ist es eine tolle Erfahrung, zusammen mit ihrem Nachwuchs für andere Familienmitglieder zu kochen.

Übrigens: Manchmal waren Eltern sehr erstaunt, was ihr Kind alles isst und trinkt, wenn dies von ihm selbst zubereitet wurde.

Den Koch- oder Backvorgang beobachteten das Kind und ich intensiv und tauschten unsere Wahrnehmungen aus. Am Ende einer Kochstunde wurde das Geschirr mit dem Kind gespült, abgetrocknet und eingeräumt.

Zielgerichtete Handlungsplanung und Selbstständigkeit und die Verbesserung der Handmotorik sind wichtige Förderziele, die durch Aufträge und gemeinsames Arbeiten ermöglicht werden.

Das Üben bestimmter Fähigkeiten im Bewegungs- und feinmotorischen Bereich ist zu zweit sehr sinnvoll, da das Kind nicht im unmittelbaren Vergleich mit den Gleichaltrigen steht. Es wird nicht entmutigt, weil die anderen ja vielleicht alles besser können. Im Gegenteil. Durch angemessene Hilfestellung und genügend Zeit und Geduld kann dein Kind auch schwierige Fertigkeiten üben, wie das Schneiden. Es erfährt Ermutigung, Anerkennung und Erfolg.

Kinder helfen gern. Bezieht die Vertrauensperson ein Kind bei einer Tätigkeit mit ein, kann sie sich in der Regel auf eine gute Zusammenarbeit verlassen. Das Selbstbewusstsein wächst, wenn dem Kind eine neue Aufgabe gezeigt, vorgemacht, erklärt und ihm zugetraut wird, sie durchzuführen. So hat unsere Tochter dem Papa oft aktiv beim Reparieren der Fahrräder geholfen. Sie ist darin kompetent und selbstsicher.

Mit großem Ernst und Einsatz wird bei der Stallarbeit mitgeholfen.

Mit zunehmendem Alter können immer mehr abstrakte Aufgaben angeboten werden. So habe ich, je nach Entwicklungsalter, ca. 1 bis 2 Jahre vor dem Schulbesuch Arbeitsblätter in die Spiel- und Lernzeit miteinbezogen. Manchmal habe ich die Aufgaben selbst ausgearbeitet, damit sie für das jeweilige Thema einen Zusammenhang darstellten.

Zum Thema Erdbeeren malte das Kind unterschiedliche Mengen Erdbeeren in Kreise. Für das zukünftige Schulkind wurden in einer Mappe diese Übungsblätter gesammelt. Am Ende der Frühförderung wurden sie zusammen mit einer persönlichen Karte für das Kind mitgegeben. Darauf habe ich seine Fähigkeiten, ganz besondere gemeinsame Erlebnisse und meine guten Wünsche für die Zukunft geschrieben.

Übrigens: Es gibt im Handel gute Aufgabenmappen für Vorschulkinder. Sie sind thematisch geordnet, bearbeiten Aufgaben wie Farb- und Formdifferenzierung, Mengenoperationen, Gegensätzlichkeit wie Rechts-Links, Größenunterschiede und vieles mehr. Im Internet findest du ebenfalls Anregungen, z. T. als Download.

Wie lange ein Kind Lernaufgaben folgen kann, ist individuell sehr unterschiedlich. Die Beschäftigung mit Arbeitsblättern sollte keinesfalls überdehnt, sondern beendet werden, wenn es dem Kind noch Spaß macht. Bei der Bearbeitung eines Arbeitsblattes habe ich nicht aktiv mitgemacht, sondern dem Kind wie eine Lehrper-

son beratend zur Seite gestanden. „Du bist jetzt meine Lehrerin“, kommentierte Kemal diese Förderstunden stolz.

Achtung: Falls die Umsetzung einer abstrakten Aufgabe noch nicht gelingt, ist es hilfreich, die Übungen zuerst mit realen Materialien durchzuführen, und dann wieder zum Papier zurückzukehren. So habe ich bei Kemal zur Feststellung von Größenunterschieden nochmal mein Sortiment unterschiedlich großer Schachteln hervorgeholt.

Jetzt, gleich oder später: Habt ihr beide Lust, aus Erdbeeren und Joghurt eine leckere Speise zu machen? Ihr könnt die Arbeit aufteilen oder zu zweit hantieren: „Ich wasche die Erdbeeren und du schneidest sie einmal durch. *(Bei einem jüngeren Kind gegebenenfalls mit leichter Handführung.)* Danach verrührt ihr den Joghurt mit den Erdbeerstücken. Hmm, noch etwas Schokoladenstreusel dazu? Lecker! Zusammen gemacht! Ihr könnt natürlich auch etwas Anderes zubereiten, wie wär's mit Obstsalat?“

Darum geht's: *Entwicklungsgerechte, überschaubare Aufträge helfen dem Kind, selbstständig zu werden, geben das Gefühl, etwas geschafft zu haben und stärken das Selbstwertgefühl durch lobende Worte. Wichtig ist, dass du deinem Kind zeigst, dass du ihm die gestellte Aufgabe zutraust.*

Vorschulkinder lernen durch Bastelarbeiten zielgerichtet zu handeln und durch Arbeitsblätter und entsprechendes didaktisches Lernmaterial, sich einem abstrakten Thema zu widmen und ihre Aufmerksamkeit zu fokussieren. Ihr Aufgabenverständnis und ihre Konzentrationsfähigkeit nehmen zu.

Verstecken – Suchen – Finden

Du oder ich sind nicht zu sehen und doch da.

Das Versteckspiel – dieser Klassiker! Was für ein spannender Spaß für alle Altersgruppen. Ich liebe es, mit einem Kind Verstecken zu spielen.

- Das Baby, wie es wartet, dass dein Gesicht wieder unter den davorgehaltenen Händen oder dem Tuch hervorkommt. Wie es strahlt, wenn es deine Augen sieht. Und nochmal ...
- Das Kleinkind, wie es im Raum steht und du dich hinter dem Tisch blicken lässt mit einem „Kuckuck". Und wenn du dann suchst „Wo bist du?" und das Kind es nicht abwarten kann, bis du es findest und es vorzeitig aus seinem Versteck kommt.
- Das Vorschulkind, das jetzt mit dem Gesicht der Wand zugewandt beginnt zu zählen, vielleicht bis fünf oder schon bis zehn. Es fällt zunächst schwer, nicht zu blinzeln. Aber Regel ist Regel. Das „Versteckspielen" ist eine gute Übung, sie einzuhalten. „Ich komme", ruft das Kind, bevor es sich umdreht. Du versteckst dich zuerst noch nicht so schwer, vielleicht ist sogar noch etwas von dir zu sehen. „Ich habe dich", lacht es. Ihr wechselt die Rollen. Zunächst versteckt es sich wahrscheinlich genau da, wo du vorher warst. Mit der Zeit entdeckt es neue Möglichkeiten.

Aber nicht nur ihr beide versteckt euch abwechselnd. Spaß macht es auch, eine Puppe im Raum zu verstecken oder mehrere. Beim Suchen erkunden sowohl Versteckende als auch Findende den Raum intensiv. Manchmal ist Kriechen, Krabbeln oder Klettern erforderlich, um es zu finden. Die Spannung wird erhöht durch ein „es wird warm, es wird heiß", und dann wird es wieder kälter. Es kann echt lange dauern, bis die Puppe entdeckt ist. Da ist Ausdauer gefragt und die Fähigkeit, etwas Frust auszuhalten. Tipps, die nicht zu viel verraten, helfen. Wie gut für das Selbstbewusstsein, wenn sie endlich alle gefunden sind.

Etwas schwieriger ist es, wenn wir eigentlich gar nichts verstecken, sondern nur etwas gefunden werden muss, was wir sehen. „Ich sehe was, was du nicht siehst", kennt wahrscheinlich jeder/jede, „und das ist rund" oder „und es kann rollen". Natürlich, es ist der Ball dahinten in der Ecke.

In welcher Dose von den sechs Dosen ist denn nur der Sticker versteckt? Ja, da muss schon beim Hineinlegen gut aufgepasst und sich erinnert werden.

Konzentriertes Hören ist auch wichtig. Wo ist der tickende Wecker, woher kommt die leise Musik oder wo macht es „Piep" wenn die/der Suchende bittet „Piep mal"? Wo kam das her? Eine gute Orientierungsfähigkeit wird so nebenbei geschult.

Auch auf Bildern und Fotos kann sich etwas verstecken, und es dauert unter Umständen lange, bis die gesuchten Menschen, Tiere oder Gegenstände im Wimmelbild gefunden sind.

Oder wenn ihr gerade etwas Backen wollt: Da versteckt sich doch ein kleines Schokotäfelchen in der Schüssel mit Weizenkörnern. Herrlich, wenn das Kind mit dem Löffel darin rührt, sucht und findet.

Da wird euch vieles einfallen ...

Als wir uns im Urlaub bei unseren finnischen Freunden am See aufhielten, beschäftigte sich unser sechsjähriger Sohn eine Weile intensiv am Waldrand. Er warf ein Stöckchen auf den Waldboden und suchte es. Hatte er es gefunden, warf er es wieder weg. „So einfach geht Spielen", lachte er. Ich durfte mitsuchen und es war für mich keine leichte Aufgabe. Aber ich hatte ein neues Spiel für meine Naturexkursionen mit den Förderkindern gefunden.

Versteckspiele können kurz zwischendurch als Unterbrechung von Lernaufgaben stattfinden. Das Suchen und Finden kann sich auch einmal über die gesamte Spielzeit erstrecken. Ganz spontan kann das Verstecken auch eine Ablenkungsalternative sein, wenn das Kind quengelt oder sich langweilt. So manches Kleinkind vergisst allen Ärger und Kummer, wenn du dein Gesicht mit den Händen versteckst und dann rufst: „Da bin ich wieder!"

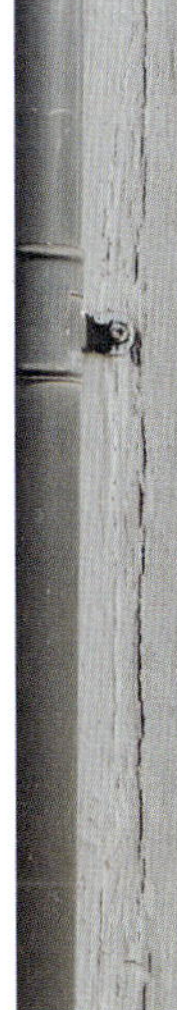

Jetzt, gleich oder später: Versteckt doch mal abwechselnd ein kleines Kuscheltier oder Knistertuch unter dem Pullover, im Ärmel, hinten im Kragen, unten am Hosenbein, oben auf dem Kopf. Das kleine Kind liebt es, wenn das Kuscheltier vorwitzig kurz zu sehen ist und dann wieder unter dem Pullover verschwindet. Das ältere Kind sucht gern im Zimmer, im Haus, im Garten! Natürlich werden auch beim Versteckspiel die Rollen gewechselt.
Der kleine Affe versteckt sich in einigen Bildern im Buch. Findet ihr ihn? Manchmal versteckt er sich ziemlich schwer. Meistens ist er aber schnell entdeckt, so wie auf den Fotos links.

Darum geht's: *Das Verstecken – Suchen – Finden lebt von der Spannung und der Erwartung, das Verschwundene wiederzufinden. Es ist faszinierend, wenn ein Gegenstand, der nicht mehr zu sehen war, wieder erscheint. Das Kind lernt, einem Auftrag nachzukommen, wenn es den verlorenen Teddy suchen soll und es hebt sein Selbstwertgefühl, wenn es ihn schließlich findet. Und außerdem ist es so schön, wenn ein lieber Mensch hinter dem Sessel entdeckt wird und das Kind in die Arme schließt.*

Wahrnehmung – Sinneserfahrungen – Spielen und Lernen

Dein Kind spürt sich und die Umwelt mit all seinen Sinnen.

Dieses Thema möchte ich mit einem Gedankenspiel einleiten:
Denke an die Zubereitung eines Obstsalates. Stell dir eine Banane vor. Beim Ansehen verarbeitet dein Gehirn die Eindrücke der Augen: die gelbe Farbe und ihre längliche, gebogene Form. Beim Berühren bemerkst du, dass ihre Schale sich außen glatt anfühlt. Deine Hände und Augen arbeiten beim Schälen zusammen. Du fühlst die leichte Nässe der Innenschale. Deine Nase stellt den süßlichen Geruch fest. Du riechst sie, deine Hände fühlen sie und du schmeckst sie. All deine Eindrücke und Empfindungen werden im Gehirn zusammengefügt und du erkennst die Banane als solche.
Beim Schälen einer Mandarine und eines Apfels entdeckst du deren typische Eigenschaften. Beim Schneiden, beim Auspressen einer Zitrone und Mischen der Zutaten kommen noch deine körperlichen Empfindungen wie Druck, Kraftaufwand und dein vorsichtiges Hantieren hinzu. Du möchtest den Obstsalat probieren. Falls jetzt ein Rückgriff des Gehirns auf frühere Erfahrungen erfolgt, weil ein Obstsalat zu sauer schmeckte, wird es vorab melden: „Zuerst mit Zucker süßen."
So wie du unterschiedliche Früchte im Obstsalat verarbeitet hast, werden also bildlich gesprochen Erfahrungen aus all deinen Sinneseindrücken zusammengefügt. Das Gehirn nimmt alle Informationen auf, sortiert und verarbeitet sie, so dass es zu einer angepassten Reaktion kommen kann. Dieser Vorgang wird als Sensorische Integration (kurz SI) bezeichnet. Integration bedeutet Eingliederung in ein größeres Ganzes. Sensorische Integration fügt also verschiedene Wahrnehmungen und Erfahrungen zusammen. Sie läuft in unserem Gehirn ab, ohne dass wir darüber nachdenken (vgl. Ayres 2016, S. 6 ff.).

Übrigens: Unterschiedliche Bezeichnungen für Wahrnehmung verwirren, meinen aber das Gleiche. Perzeption nach dem lateinischen „percipere" meint „erfassen, ergreifen, wahrnehmen". Der Begriff Sensorik von lateinisch „sentire" bedeutet so viel wie „fühlen, wahrnehmen, geistig erfassen". Das Zusammenspiel zwischen der Aufnahme eines Reizes (Sensorik) und seiner Antwort durch Bewegung (Motorik) wird als Sensomotorik bezeichnet.

Unter der Wahrnehmung verstehen wir die Aufnahme von Reizen aus Umwelt und eigenem Körper. Jeder Reiz oder jede Sinnesinformation wird zum Gehirn weitergeleitet und dort verarbeitet. Die Reize werden über sieben verschiedene Sinnessysteme aufgenommen. Jede neue Erfahrung, die ein Kind macht, knüpft an Vorerfahrungen an und bildet im Gehirn Querverbindungen. Unsere Sinne informieren uns über unseren Körperzustand und über die Gegebenheiten in unserer Umgebung. So beginnt nach Piaget das Lernen.

Der Wahrnehmungsprozess beginnt schon im Mutterleib. Es entwickeln sich Tast-, Gleichgewichts- und Bewegungssinn. Sie werden Nah- oder Basissinne genannt, da der unmittelbare Kontakt des Körpers mit der Reizquelle besteht. Sie vermitteln Informationen vom eigenen Körper und von der Bewegung- und Körperlage im Raum. So spüre ich z. B. die Hand, die meine Haut berührt (vgl. Meier / Richle 2002, S. 19).

Neben diesen drei körpernahen Sinnen baut sich die Wahrnehmung durch das Zusammenspiel der Sinnesorgane Augen, Ohren, Zunge, Nase sowie der Weiterleitung der Informationen an das Zentralnervensystem und einer Auswahl von Reizen auf.

Die Stärke des Reizes ist für dessen Aufnahme ausschlaggebend. Ebenso beeinflussen Aufmerksamkeit, Interesse, unterschiedliche Gefühle, Vorlieben und Abneigungen die Aufnahme. So taucht jemand gerne die Hände in den nassen Sand, eine andere Person empfindet Matsch als unangenehm und vermeidet es. Reize, die erwartet werden, werden schneller aufgenommen als unerwartete (Prinzip der Wiederholung) und positive besser als negative. Freude und Spaß zu haben ist der Inbegriff für gutes Lernen.
Wichtige Eindrücke werden von unwichtigen unterschieden. Um einen Ball benennen und ihn fangen sowie werfen zu können, macht das Kind viele Wahrnehmungserfahrungen. Es berührt, fühlt und riecht den Ball, es sieht dessen Farbe und Größe. Es stellt unterschiedliche Eigenschaften fest. Die wesentliche Erfahrung ist aber, dass ein Ball rund ist und rollt.

Die Zeichnung der Wahrnehmungsentwicklung (s. Abb. S. 162) stellt die Basis- oder Nahsinne als Wurzeln eines Baumes dar. Die Fernsinne Hören, Spüren, Sehen, Riechen, Schmecken sind als Stamm dargestellt. Sind Wurzeln und Stamm entwickelt, können sich auch Äste und Blätter des Baumes ausbilden. In der Baumkrone zeigen sich oft erst die Schwierigkeiten, die ihre Ursache in den Baumwurzeln haben. Das können Auffälligkeiten in der Körperwahrnehmung, der Muskelanspannung (Tonus), der Bewegungskoordination sein. Es können Probleme in einzelnen Bereichen der auditiven und visuellen Wahrnehmung sowie in der Sprachentwicklung, der Feinmotorik, der Handlungsplanung, der Konzentration und Aufmerksamkeit, im Mengenverständnis oder im Begreifen von logischen Zusammenhängen auftreten.
In der Ergotherapie werden daher neben der bedürfnisorientierten Förderung dieser Fähigkeiten auch die Probleme an den Wurzeln des Baumes, also an den Basissinnen, berücksichtigt und behandelt.
Kinder mit Wahrnehmungsbesonderheiten haben es unter Umständen schwer, Informationen aufzunehmen und zu verarbeiten. Wichtige Botschaften werden nur in Teilen erkannt. Es ist, als ob Informationen über die Sinnesorgane ins Gehirn kommen und ungeordnet zusammengesetzt werden oder gar verlorengehen. Ein Kind mit einer sensorischen Integrationsstörung benötigt Ergotherapie (SI-Behandlung nach A. Jean Ayres).

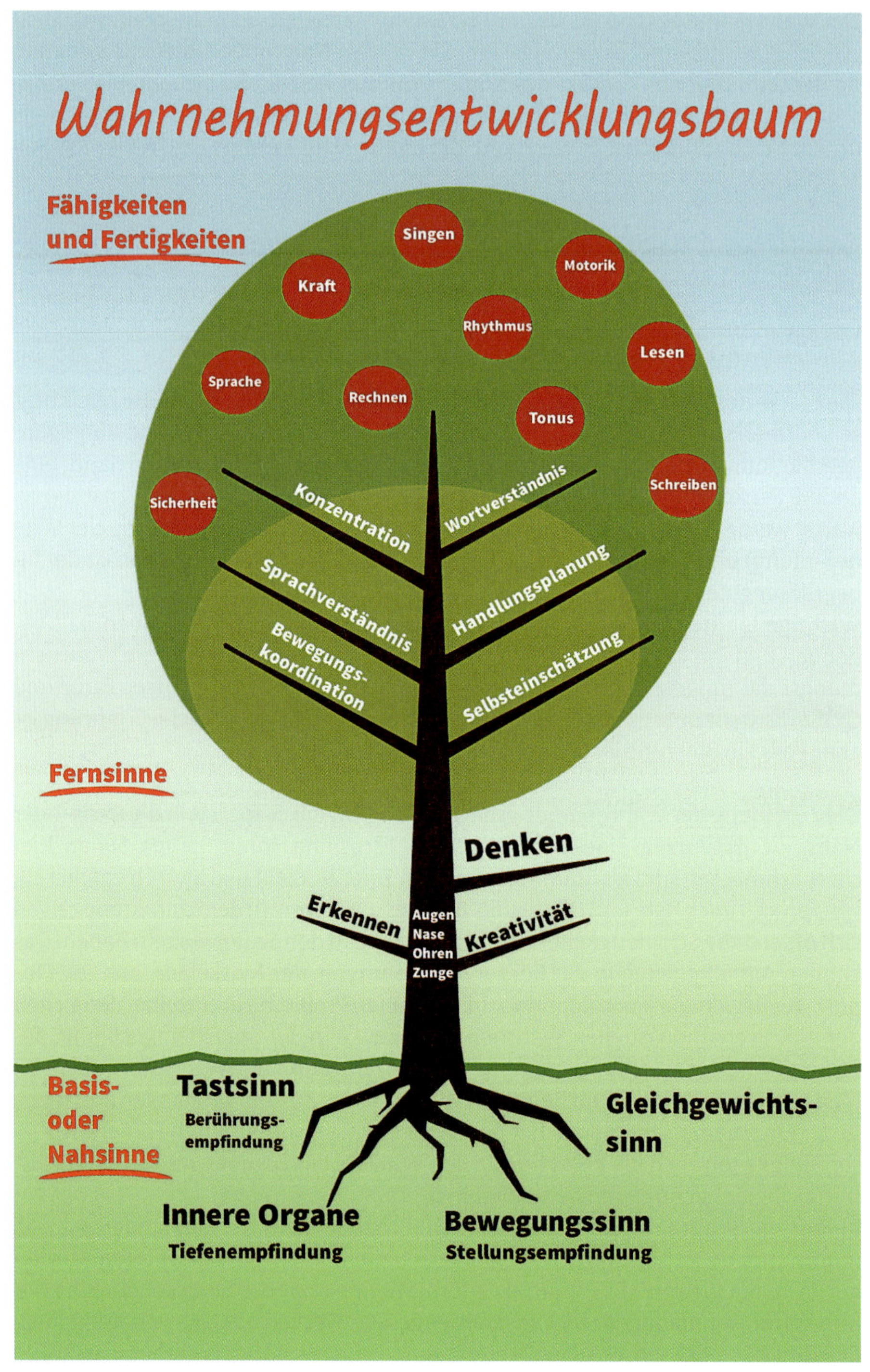
Wahrnehmungsentwicklungsbaum
Fähigkeiten und Fertigkeiten
Singen
Motorik
Kraft
Rhythmus
Lesen
Sprache
Rechnen
Tonus
Schreiben
Sicherheit
Konzentration
Wortverständnis
Sprachverständnis
Handlungsplanung
Bewegungs-koordination
Selbsteinschätzung
Fernsinne
Denken
Erkennen
Augen
Nase
Ohren
Zunge
Kreativität
Basis- oder Nahsinne
Tastsinn
Berührungs-empfindung
Gleichgewichts-sinn
Innere Organe
Tiefenempfindung
Bewegungssinn
Stellungsempfindung

Das Spielen verschafft dem Kind vielfältige Wahrnehmungserfahrungen und unterstützt das Zusammenspiel von geistigem Erfassen (sensorischen) und motorischen Leistungen (Sensomotorik). Durch die Stärkung des sozial-emotionalen Verhaltens bildet sich ein sicheres Fundament der Wahrnehmungsfähigkeit und umgekehrt. Diese ganzheitlichen Zusammenhänge werden in der Bewegungspädagogik, Motopädie sowie Psychomotorik erkannt und spielerisch umgesetzt.

Ein Kind, das in nahezu allen Entwicklungsbereichen altersgerechte Fähigkeiten und keine entwicklungshemmenden Verhaltensauffälligkeiten zeigt, benötigt keine zusätzliche Frühförderung. Traumatische Erlebnisse, Krankheiten und familiäre Ausnahmesituationen können aber durchaus eine professionelle Unterstützung begründen.
Die Rolle der Eltern und anderer enger Bezugspersonen ist es, für eine anregende Spiel- und Lernumgebung zu sorgen. Spaß und Freude am gemeinsamen Spiel steht dabei absolut im Vordergrund.

In diesem Zusammenhang ist es mir wichtig, dass die Geschwister eines Kindes mit einer Behinderung nicht vergessen werden. Sie müssen spüren, dass die Eltern und andere Menschen im Umfeld auch sie in ihrer Persönlichkeit wahrnehmen und beachten. Sich Zeit zu nehmen und gern miteinander zu spielen, ist für jedes Kind ein Gewinn.

Da die körpernahen Sinne so bedeutsam für die Entwicklung des Kindes bis ins 7. Lebensjahr sind, werden diese hier näher erklärt. Die Wahrnehmungsbeeinträchtigungen können in Abstufungen – von leichten Auffälligkeiten bis hin zu ausgeprägten Schwierigkeiten – auftreten. Die Erklärungen dienen dem besseren Verständnis von Problemen eines betroffenen Kindes. Spielerisch durchgeführte Körper- und Bewegungsübungen beeinflussen die positive Wahrnehmungsentwicklung in allen Sinnesbereichen.

Der Tastsinn

wird auch als taktiles System oder Oberflächensensibilität bezeichnet.

Die Haut ist das größte und älteste Sinnesorgan. Sie umhüllt unseren Körper und ist die Schranke zwischen Innen und Außen. Die Hautoberfläche hat eine große Zahl von Wahrnehmungsrezeptoren, die Empfänger von verschieden Reizen wie Temperatur, Berührung, Schmerz, Vibration, Druck und Zug sind. Dicht unter der Haut sitzen Tastkörperchen (Rezeptoren), in denen sich empfindliche Nervenzellen befinden. Bei einem leichten Reiz erzeugen sie ein winziges elektrisches Signal, das über die Nervenbahnen zum Gehirn geleitet wird. Dort wird einem die Berührung bewusst. Das Gehirn erkennt, wie stark sie ist und von welcher Stelle des Körpers das Signal kommt. Die meisten Tastkörperchen befinden sich an den Handtellern,

Fingerspitzen und Fußsohlen und an der Zunge. Deshalb sind wir hier besonders empfindlich. Wir nehmen Berührung passiv wahr, erkunden aber auch mit unseren Händen Materialien aktiv und die kleinen Kinder stecken zunächst alles in den Mund.

Über die Haut werden das Baden bei angenehmen Temperaturen, das Abfrottieren, das Eincremen und Massieren wahrgenommen. Solche Erfahrungen werden in der Regel als entspannend empfunden. Schmerzhafte Berührungen dagegen sind Reizinformationen, die Gefahrenquellen anzeigen. Um Situationen einschätzen zu können, braucht ein Kind bei der Erkundung seiner Umgebung auch Erfahrungen wie leichte Schmerzwahrnehmungen, an die es sich erinnert. Sie bewirken mehr als deren Vermeidung durch Überbehütung oder Ermahnungen.

Bei einer Störung des Tastsinnes kann das Kind Berührungen nicht genau lokalisieren und unterscheiden. Folgen dieses diffusen Tastempfindens können eine taktile Abwehr oder starke Bewegungsunruhe sein. In der Vermeidung von Hautkontakten liegt eine Gefahr. Die Empfindlichkeit wird immer größer und wichtige Erfahrungen für handmotorische Tätigkeiten werden nicht gemacht.
Bei einer Unterempfindlichkeit ist das Erkennen von Berührungen herabgesetzt. Geringe Reize werden unklar wahrgenommen. Der Reiz muss intensiv sein, damit er im Gehirn ankommt. Diese Kinder sind oft schmerzunempfindlich. So lernen sie nicht aus dem leichten Schmerz beim Stoßen oder Hinfallen.
Bei der Überempfindlichkeit des Tastsinns werden Berührungen als unangenehm empfunden. Manche Kinder zeigen eine Abneigung gegenüber Kleidungsstücken (es kratzt, juckt und drückt). Auch mit Matsch und Fingerfarbe spielen sie nicht gern. Andere lehnen Zärtlichkeiten ab. Schon wenn ihnen über das Haar gestrichen wird, ist ihr Berührungsempfinden überfordert.
Die Information für das Gehirn ist genauer, wenn das Anfassen, Führen und Streicheln fester und mit Druck ausgeführt wird. Der Tastsinn ist am feinfühligsten, wenn wir das Sehen ausschalten. Probiert es doch mal!

Materialerfahrungen, die das Tasten und Fühlen ansprechen:

- Füße und Hände in Materialien wie Kastanien und Tannenzapfen baden, ganzkörperlich im Bohnen- oder Bällchenbad.
- Tastkisten oder Kissenbezüge befüllen und erfühlen, was drin ist.
- Wasserspiele mit unterschiedlich temperiertem Wasser.
- Kneten mit Knete, Ton oder aus Teig ein Brot backen.
- Matschen mit Sand und Wasser, Rasier- oder Seifenschaum.
- Malen und Kleben mit Fingerfarbe und Kleister.
- Abreiben und Streicheln mit Bürsten, Tüchern und Fühlsäckchen.

In der Frühförderung nehmen basale Anregungen viel Raum ein. Es wird dem Kind Rasierschaum zum großflächigen Malen und Matschen angeboten oder es taucht ein in ein Bad aus Bohnen und Bällen. Kinder haben ein großes Bedürfnis, sich hier ausleben zu dürfen, sich von inneren Anspannungen zu befreien, den eigenen Körper zu spüren und Körpergrenzen wahrzunehmen. Unterschiedliche Reize werden über die Haut aufgenommen. Ein Sortiment zum Fühlen und Tasten bestehend aus Fell, Frotteestoff, Wolle, Bürste, Pinsel, Kamm, Noppen, Kordel gehören zur Förderung des Tastsinns in die Fördertasche. Es sind in der Regel wohlige Erfahrungen, wenn je nach Empfindlichkeit die Haut des Kindes zart oder mit etwas Druck mit den Materialien berührt wird.

Der Bewegungssinn

wird auch als Eigenwahrnehmung, als kinästhetisches System oder propriozeptives System bezeichnet.

Kinästhesie (Duden: kineō = sich bewegen und aisthēsis = Sinneswahrnehmung) bedeutet die Fähigkeit, Bewegungen der Körperteile unbewusst zu kontrollieren und zu steuern. Raum-, Zeit-, Kraft- und Spannungsverhältnisse der eigenen Bewegung werden wahrgenommen. Rezeptoren nehmen Reize auf, die im eigenen Körper z. B. durch Bewegung entstehen und sind im Austausch mit dem Gehirn. Man nennt sie deshalb „Propriozeptoren" (propius = der eigene). Die Bezeichnung Eigenwahrnehmung drückt aus, dass es hier um die individuelle Wahrnehmung des Körpers geht.
Durch die Sinneszellen der Tiefensensibilität, die sich im tiefer liegenden Gewebe befinden, erhalten wir Informationen, in welchen Stellungen sich die Körperteile befinden. Dadurch baut sich das Körperschema auf. Das Kind kann die Grenzen des eigenen Körpers erfassen und eine Vorstellung darüber entwickeln. So finden wir auch im Dunkeln den eigenen Mund, wenn wir aus einem Glas trinken oder wir können in die Hände klatschen, ohne hinzuschauen. Wir nehmen auch bei geschlossenen Augen wahr, dass wir die Geschwindigkeit oder die Richtung z. B. beim Gehen wechseln.

Durch die Eigenwahrnehmung können wir das Maß der Muskelkraft abschätzen, das wir für die Durchführung einer Bewegung aufwenden müssen. Zum Beispiel fassen wir eine schwere Sprudelkiste anders an und verwenden mehr Kraft, als beim Hochheben einer zerbrechlichen Blumenvase. Wir beeinflussen unsere Muskelspannung willentlich und passen sie der Tätigkeit an. Bei manchen Entspannungsübungen wird der Wechsel zwischen Anspannung und Entspannung bewusst herbeigeführt.

Kinder mit Störungen der Eigenwahrnehmung erhalten zu wenig Informationen über ihren Körper. Sie können ihre Körperteile nicht richtig spüren oder haben keine ganzheitliche Vorstellung vom Körper als Einheit, kein differenziertes Körperschema. Sie haben Mühe, die Muskelspannung (Tonus) ihrer Bewegung entsprechend anzupassen. Sie stolpern vielleicht häufiger, lassen oft etwas fallen und sind manchmal ungewollt grob zu anderen, da sie kein Gefühl für ihre Kraftdosierung haben. Manche Kinder sind hypoton, d. h. ihre Körperspannung ist herabgesetzt, bisweilen schlaff. Andere wiederum sind hyperton, ihre Körperspannung ist sehr hoch. Einige wechseln zwischen beiden. Die gezielte Steuerung eines Bewegungsablaufes ist erschwert. Der Malstift wird verkrampft gehalten, die Begrenzungslinien können durch die hohe Anspannung beim Zeichnen und Ausmalen nicht eingehalten werden.

Bewegungsspiele, die helfen den eigenen Körper zu spüren:

- Regelmäßiges vielfältiges Bewegen, Herumtollen und Springen auf Matratzen, weichen Matten oder Toben mit Kissen.
- Verstecken im Bälle- oder Kissenbad.
- Boxsack herstellen: Handtücher sehr fest in einen Sack stopfen.
- Mit den Füßen stampfen. So langsam und fest gehen, als ob der Boden durchgedrückt wird. Leichtfüßig und schwebend laufen.
- Ein sogenanntes „Sandwich" machen, das heißt, das Kind liegt zwischen zwei Matten. Die erwachsene Person drückt auf die oberste Matte oder legt sich kurzzeitig achtsam darauf. Bei Abwehr beenden. Auf die Atmung des Kindes achten.
- Toben, raufen und sich gegenseitig wegschieben (evtl. Elternteil mit Kind im Bett).
- Sandsäckchen (auch schwere), Kissen oder ein Buch auf den Körper legen. Das Kind rät, wo sie sich befinden.
- Paketkartons, Kisten, Wäschekörbe und Lauflernwagen zuerst leer ziehen oder schieben und dann beschweren.
- Kissen mit Händen oder Füssen gegen eine Wand drücken.
- Hefeteig kneten, drücken, beklopfen, schieben und rollen.
- Mit Korken oder Kartoffeln stempeln. Je nach Farbauftrag lernen, den Druckaufwand zu dosieren.
- Spielplätze aufsuchen. Über Stock und Stein gehen.
- Stehen auf einem Bein, Arme über dem Kopf zusammenführen.

Bei allen Übungen und Spielen sind selbstverständlich Regeln zu beachten und absichtliches „Wehtun" ist verboten.

Der Gleichgewichtssinn

oder das vestibuläre System.

Alle lebenden Wesen müssen sich mit der Anziehungskraft der Erde und mit der Beschaffenheit der Umgebung auseinandersetzen. Die Voraussetzung hierzu liefert das Gleichgewichtssystem, es wird als Vestibularapparat bezeichnet. Das verantwortliche Organ befindet sich im Innenohr. Hier werden Beschleunigungen, Drehbewegungen und Lageveränderungen registriert. Dadurch können wir gehen, balancieren oder Fahrrad fahren und uns im Raum orientieren. Das Gleichgewichtsorgan reagiert auf die Schwerkraft und Lage- und Haltungsveränderungen des Körpers. Die Informationen aus diesen Wahrnehmungen meldet es ans Gehirn weiter, so dass von dort eventuelle Anpassungsleistungen ausgelöst werden, um z. B. beim Balancieren auf einem schmalen Steg Ausgleichsbewegungen mit den Armen zu machen.

Das Kind sammelt bereits vorgeburtlich durch die Bewegungen der Mutter erste Wahrnehmungen zur Raumlage. Dem Baby bieten Eltern viele Anregungen im vestibulären Bereich. Die Kleinen werden gewiegt und geschaukelt, ein wenig in die Luft geworfen und wieder aufgefangen. Die Kinder jauchzen vor Vergnügen. Auch das Kinderspiel „Hoppe, hoppe Reiter" gehört in diesen Bereich. Hüpfen, Hopsen und Tanzen stillen das frühe Bedürfnis nach vestibulären Anregungen. Auf Spielplätzen können Kinder u. a. auf der Rutsche, der Wippe oder auf der Schaukel ihren Gleichgewichtssinn entwickeln.

Unsere Basissinne bieten einen unmittelbaren Kontakt des Körpers mit der Reizquelle. So spüre ich z. B. die Hand, die meine Haut berührt. Für das Greifen und Befühlen eines Gegenstandes ist eine Abstimmung (Koordination) des Tastsinns mit der Eigenwahrnehmung notwendig. Diese Wahrnehmung vermittelt dem Gleichgewichtssinn Informationen der Stell- und Stützreaktionen des Körpers. Jean Ayres sieht daher diese taktil-kinästhetisch-vestibuläre Sinneswahrnehmung als Grundlage der menschlichen Entwicklung.

Störungen des Gleichgewichtsinns: Bei einer Überempfindlichkeit reagiert das Gehirn zu stark auf Reize des Gleichgewichtssystems. Für das Kind sind Lageveränderungen unangenehm und es reagiert verunsichert. Es vermeidet Schaukeln, Balancieren und Klettern. Dadurch fehlen ihm Bewegungserfahrungen und es kann sich eine gewisse Ängstlichkeit und allgemeine motorische Ungeschicklichkeit entwickeln.

Bei vestibulärer Unterempfindlichkeit besteht dagegen ein scheinbar unstillbares Bewegungsbedürfnis. Wieder und wieder wird Karussell gefahren oder geschaukelt. Das Kind übersieht Gefahren oder schätzt sie nicht richtig ein, es hat anscheinend vor nichts Angst. Bei einer Unterempfindlichkeit werden die Gleichgewichtseindrücke nicht richtig verarbeitet. Die Informationen, die das Kind aus seinem Bewegungsverhalten nimmt, sind zu gering. Es sucht immer mehr Reize durch wildes ungestümes Verhalten bis zur völligen Erschöpfung. Aufgrund der gestörten Reizverarbeitung und der fehlerhaften Rückmeldung haben diese Kinder oft Schwierigkeiten in der Bewegungskoordination. Die Verletzungsgefahr ist groß.

Spielmöglichkeiten, die den Gleichgewichtssinn anregen:

- Schaukeln in der Hängematte, im Schaukelstuhl oder in den Armen einer vertrauten Person. Ein kleines Kind kann im Bettlaken geschaukelt werden, das von zwei Personen gehalten wird. Nicht zu lange und dabei auf das Wohlbefinden des Kindes achten.

- Flieger spielen, hinunterkullern von einem Hügel, rodeln.
- Planschen, schwimmen, auch mit Schwimmnudeln. Wasserrutsche.
- Kullern in einer Tonne oder in einem Kriechtunnel.
- Einwickeln in Decken und wieder auswickeln.
- Kinder- und Kreisspiele mit Bewegungsübungen.

- Trampolin springen, Karussell fahren, rutschen.
- Spielplatzgeräte ausprobieren. Gehen auf unebenen Untergründen wie Waldboden und schrägen Ebenen.
- Balanceübungen, wie auf einem Seil oder Band gehen, auf einem Bein stehen, bestimmte Yoga- und Eutonieübungen.

Die Fernsinne

Bei den körperfernen Sinnen liegt die Reizquelle nicht im Körper und wird dennoch wahrgenommen. Z. B. sehe und höre ich das Flugzeug hoch über mir.
Zu den Fernsinnen gehören: der Sehsinn, der auch als visuelles System bezeichnet wird. Im Zusammenspiel mit dem Bewegungs- und Gleichgewichtssinn nimmt das Kind visuelle Reize auf und ordnet diese sinnvoll ein.
Der Hörsinn, lokalisiert in der Hörschnecke des Innenohrs, der auch als akustisches oder auditives System bezeichnet wird. Durch die Verbindung von Gleichgewichtssinn mit Hör- und Sehsinn entsteht eine Orientierung im Raum.
Der Geruchssinn, der auch olfaktorisches System heißt.
Der Geschmackssinn der Zunge und des Gaumens, der auch gustatorisches System heißt. Dort sind viele Rezeptoren, daher erforschen Kleinkinder vielfach Materialien mit dem Mund.
Anregende Spiel- und Fördermöglichkeiten sind unter den Überschriften von A-Z zu finden. Sie können diesen Sinnen zugeordnet werden und greifen vielfach ineinander.

Übrigens: Zwar gibt es qualitative Unterschiede in der Verarbeitung der Sinnesinformationen, eine perfekte Wahrnehmungsentwicklung gibt es aber nicht.

Spielbegleitung zur Wahrnehmung

Spielhandlungen in den jeweiligen Entwicklungsstufen des Kindes sollten sowohl im freien Spiel als auch zu zweit entdeckt, begleitet und geübt werden. Es bietet sich an, gleiche Aufgaben mit unterschiedlichen Dingen durchzuführen als auch Spielvarianten mit ein und demselben Material zu entwickeln. So nutzt das Kind die erlernten Fähigkeiten. Das Spielen bleibt interessant und kreative Spielideen können umgesetzt werden. Auf jeden Fall braucht das Kind ausreichend Zeit für das eigene Ausprobieren. Es benötigt Gelegenheiten, um sein Können anzuwenden und aus Fehlern zu lernen. So merkt es selbst, ob etwas auf diese Weise geht oder auch nicht. Es erlebt, wie es seine Tätigkeit selbst verändern kann, um sein Ziel zu erreichen. Diese eigenen Erfahrungen machen ein Kind sicherer in der Verwendung von Materialien und Handlungen. Das führt zu Erfolgserlebnissen und Erfolg lässt Kinder wachsen.

Um dem Kind ganzheitlich gerecht zu werden, ist es erforderlich, dass sich die Bezugsperson bei der Spielauswahl am Entwicklungsalter, am Erfahrungsniveau, an den Interessen und Motivationen und an der Persönlichkeit und den Verhaltensweisen des Kindes orientiert.

Falls du die Fähigkeiten deines Kindes noch nicht einschätzen kannst, solltest du zunächst Tätigkeiten anbieten, die das Kind sicher bewältigt. Durch sein erfolgreiches Handeln wird es neue Herausforderungen annehmen. Es ist hilfreich, Spiele nach diesen Prämissen anzubieten:

- Vom Leichten zum Schweren (erst aus geringer Entfernung einen Ball zurollen, dann den Abstand vergrößern).
- Vom Bekannten zum Unbekannten (erst vorwärts über ein auf den Boden gelegtes Band gehen, dann rückwärts).
- Vom Einfachen zum Komplexen (zuerst nur ein zweiteiliges Puzzle fertigstellen, dann ein mehrteiliges. Große Perlen kann das Kind auffädeln, kleine Perlen sind eine neue Herausforderung).
- Vom Langsamen zum Schnellen (zuerst durch den Raum gehen, dann laufen und hüpfen).
- Vom Wenig zum Viel (erst nur mit einer Handpuppe spielen, dann mit zwei oder weiteren).

Allgemein ist wichtig, dass

- ein Überangebot an Spielzeug und Reizüberflutung vermieden wird.
- gute Bedingungen geschaffen werden, wie geeignete Sitzpositionen, Temperatur und Luftqualität des Raumes, angenehme Kleidung.
- das Kind sich mit kniffligen Aufgaben allein auseinandersetzt aber auch Hilfestellungen annehmen kann.
- gute Fähigkeiten bemerkt werden. Jedes Kind hat Stärken und Schwächen. Eine perfekte Wahrnehmung gibt es nicht. Kritische Bemerkungen entmutigen ein Kind.
- von Zeit zu Zeit das Agieren beobachtet wird mit der Überlegung, inwieweit Spiele dem Entwicklungsstand des Kindes entsprechend angepasst werden müssen.
- im häuslichen Umfeld bzw. in der Kita geschaut wird, welche Spiel- und Alltagsmaterialien zur Förderung der Sinnesbereiche und der Aufmerksamkeit geeignet sind. Womit kann das Kind Wahrnehmungserfahrungen sammeln? Wie kann es sein Wissen erweitern?

Darum geht's: *Die körpernahen Sinne (Tasten, Bewegung, Gleichgewicht) sind das Fundament der frühkindlichen Wahrnehmungsentwicklung. Die im Körper befindlichen Rezep-*

toren reagieren auf Reize wie Druck, Schmerz, Temperatur und Berührung und leiten sie an das Gehirn weiter. Durch das Verknüpfen unterschiedlicher Erfahrungen und das Zusammenspiel mit den Sinnesorganen (Augen, Ohren, Zunge, Nase) baut sich die sensorische Integration auf. Herausforderungen mit Erfolg zu bewältigen macht Spaß und „Spaß ist gewissermaßen der kindliche Ausdruck für sensorische Integration" (Ayres 2016, S. 10).

Wir beschäftigen uns mit der Wahrnehmung in allen Kapiteln des Buches. Die Spielthemen greifen ineinander und ergänzen sich. Das ist ganzheitliche Spielbegleitung.

Xylophon – Rhythmus – Musik

Dein Kind erlebt das Spiel mit der Musik.

Carl Orff (1895–1982) war Musikpädagoge und entwickelte ein Konzept der musikalischen Früherziehung. Wie in allen Einrichtungen für Kinder stand auch uns Mitarbeiter*innen der Frühförderstelle eine Auswahl von Orff-Instrumenten zur Verfügung. Dazu gehören die Stabinstrumente wie das Xylophon und Rhythmusinstrumente wie Handtrommeln, Triangeln, Klanghölzer und Rasseln. Alle haben sie einen großen Aufforderungscharakter. Dein Kind braucht genügend Zeit, um ein neues Instrument zu entdecken. Wie fühlt es sich an? Woraus besteht es? Durch das Ausprobieren hört es unterschiedliche Klänge. Es erhält sofort eine Rückmeldung seiner Aktion. Es spürt die Schwingungen der Handtrommel. Es bemerkt, dass manche Instrumente kurz (Klanghölzer) und andere lang andauernd (Triangel) klingen. Die Frage „Wer hört den Ton am längsten?" lässt so manches Kind im Wettbewerb mit Erwachsenen gewinnen. Das Xylophon hat einen tiefen, vollen Klang, dass Glockenspiel klingt hell und aufmunternd.

In eurem Zusammenspiel könnt ihr abwechselnd helle und tiefe, laute und leise Töne, schnelle und langsame Abfolgen erklingen lassen. Ihr könnt ruhig und bedächtig oder wild und aufgeregt spielen, kleine Geschichten können so klanglich begleitet werden. Erinnert euch an das Erdbeermärchen (s. Anhang). Da pflücken

SONOR
PERCUSSION

die Geschwister Erdbeeren (in rhythmischer Abfolge erklingt ein einzelner heller Ton des Glockenspiels. Es bedeutet, eine Erdbeere wurde gepflückt). Dann spielen die beiden fröhlich im Wald (schnelles Schlagen auf das Glockenspiel, am Ende langsamer werden). Die Kinder im Märchen entdecken, dass die Körbe weg sind (einzelne Schläge der tiefen Töne)). Sie suchen überall (schnelle, tiefe Schläge). Je nach Fähigkeit deines Kindes erfolgt Einsatz und Häufigkeit der Tonbegleitung. Es entsteht eine Untermalung der Geschichte. Das Hören und Horchen, das Abwarten und Reagieren auf den Mitspielenden wird so eingeübt und natürlich auch das Anschlagen, mit oder ohne Handführung. Durch das Musizieren erlebt das Kind ein Gefühl seiner Fähigkeiten, es stellt fest, dass das Zusammenspiel gelingt.

Klang- und Geräuschinstrumente können aus einfachen Materialien hergestellt werden. Je nachdem, wie es deinem Spielkind möglich ist, wird es beim Zusammenbau miteinbezogen.

- Krachmacherdosen aus Schraubflaschen mit unterschiedlichen Füllungen wie Reis, Erbsen, Steinchen. Bitte für die ganz Kleinen sicher zukleben!
- Regenmacher aus einer Versandrolle herstellen: Mit Reis, Kirschkernen oder kleinen Steinchen füllen und mit dem Deckel verschließen. Nicht zu kurze Nägel rundherum von außen in die Rolle schlagen. Klangprobe machen. Falls das Geräusch nicht gefällt, verändert ihr das Volumen.
- Für das Baby: Knistersäckchen aus kleinen Stoffvierecken, die mit Bratfolie gefüllt und an den Ecken kurze Kordeln und Bänder zum Fühlen eingenäht werden. Alles sicher zunähen!

Knistertuch

Knisterfische gefüllt mit Knistermaterialien

- Fühl- und Knisterfische, die mit Alu-, Gold- oder anderen Folien, Holzperlen, Glöckchen gefüllt und zugenäht werden. Die Fische werden visuell, taktil oder auditiv zugeordnet. Mit Büroklammern versehen eignen sie sich als Angelspiel.
- Papprollen als Stimmverstärker zum Durchrufen, Brummen, Summen, Piepsen, Schreien.

Auch Alltagsgegenstände eignen sich prima. Bekannt sind Spiele wie:

- Topfschlagen: Zunächst ausprobieren um Unterschiede des Klanges je nach der angeschlagenen Stelle feststellen. Das Kind kann die Augen schließen, was aber selten lange gelingt. Später, wenn das Kind es toleriert, die Augen verbinden. Abwechselnd den Topf suchen, indem mit einem Holzlöffel die Umgebung abgeklopft wird, bis der Topf gehört wird. Eine kleine Überraschung unter dem Topf ist ein zusätzlicher Anreiz.
- Tickenden Wecker oder Eieruhr suchen, die im Raum versteckt wird. Das Richtungshören wird so verbessert.
- Geräusche raten: Dabei stellst du gemeinsam mit dem Kind eine Auswahl an Küchenutensilien und Instrumenten bereit. Zuerst sitzt das Kind mit dem Rücken zu dir, so dass es die Geräuschquelle nicht sehen kann. Jetzt erzeugst du ein Geräusch. Was ist es? Sind es die zwei Löffel, die aneinandergeschlagen werden? Ertönt die Schüssel, das Glas oder vielleicht das Xylophon? Und danach bist du dran mit Raten, das ist doch klar!
- Geräusche-Memory: Dafür werden jeweils zwei Dosen, Schraubgläser oder Flaschen mit dem gleichen Material, wie Reis, Perlen, Steinchen, Watteböllen usw. gefüllt. Zwei Flaschen mit gleiche Füllung werden gesucht. Eine davon hinter dem Rücken schütteln.

Manchmal entstehen neue Spielideen ganz spontan. So haben Patrick und ich Naturmaterialien in Behälter sortiert, um daraus Geräuschdosen zu gestalten. Als ich zwei Steinchen in den Händen hatte, erinnerte ich mich an diese kleine Stilleübung. „Sei bitte sehr, sehr still, weil ich die Steine hören will. Pssst!" Patrick war ganz ruhig und schloss sogar die Augen. Ich schlug die beiden Steine aneinander. Wir hörten einen leisen Ton. Jetzt kam Patrick dran und wählte Kastanien. So lauschten wir uns durch die feinen Naturtöne. Herrlich!

Wunderbar unterschiedliche Geräusche entstehen auch, wenn Kastanien und anderes in einem Tamburin oder einer Klangschale hin und her bewegt werden. Klangschalen haben es in sich. Ihr Klang wird nicht nur im Ohr wahrgenommen, sondern im ganzen Körper, wenn Hand, Fuß oder Bauch sanft mit ihnen in Berührung kommen. Der langklingende Ton und die Vibration wirken beruhigend auf den Körper

Flaschen zum Geräusche machen, gut zugeklebt, gefüllt mit Reis, Erbsen, Perlen. Allerlei aus der Küche zum Hören, Klopfen, Klingen wird zusammengestellt.

Zu den körpereigenen Instrumenten gehören Stimme, Hände und Füße. Da wird gemeinsam getrippelt, gestampft und getrampelt. Die Hände reiben, klopfen, klatschen zum Bewegungslied. Es kann gerufen, geschrien, gepiepst und geflüstert werden. Spannung wird durch den Wechsel von laut und leise sowie von langsam und schnell aufgebaut.

Alle Instrumente eignen sich zum Ausdrücken von Gefühlen wie Freude, Wut und Traurigkeit und zu Bewegungsformen wie Gehen, Rennen, Hüpfen, Schweben, Schwingen und Tanzen, je nachdem in welchem Rhythmus, in welcher Lautstärke und Intensität sie durch dich oder das Kind daherkommen.

Da fällt euch beiden sicher vieles ein …

Bei sanften Schaukelbewegungen des Kleinkindes wird ein Lied gesummt. Körpererfahrungen beim Krabbeln und Gehen können durch das leise Singen einer ausgedachten Melodie mit spontanen Sätzen zum Mitmachen begleitet werden („Wir hüpfen, wir hüpfen hin und her, das ist nicht schwer.") Singen beim Balancieren, Klettern und Treppensteigen kann ein ängstliches Kind ablenken und ermutigen: „Du schaffst das, ist doch klar, du schaffst das, ist doch wunderbar."

Das Malen, Basteln, Kneten geht mit gemeinsamem leisen Singen oder Hören einer Musik-CD manchmal leichter und entspannter von der Hand. Musikuntermalung kann ein Kind motivieren und harmonisch das gemeinsame Spielen begleiten, sie kann aber auch Ablenkung und Unruhe auslösen. Musik kann eine notwendige Ruhetönung bewirken oder als erfrischendes Element in einer entspannten, fröhlichen Atmosphäre betrachtet werden. Ich habe Musik eher intuitiv und individuell, aber auch bewusst nicht ständig eingesetzt.

Einige Bewegungslieder gehörten zu meinem Frühförderprogramm. Sie sind leicht im Internet zu finden:

- Meine Hände sind verschwunden.
- Was tun wir denn so gerne hier im Kreis.
- Kopf, Schulter, Knie und Zeh.

Übrigens: Macht euch das gemeinsame Singen Spaß, wird das Kind dir gerne Lieder aus der Kita vorsingen. Und du erinnerst dich sicher an Lieder aus deiner Kindheit. Außerdem finden sich in Büchern und im Internet (YouTube) eine Fülle von Vorschlägen, die zu euch beiden passen.
Die musikalische Früherziehung, die in den städtischen Musikschulen und oftmals auch in Kindertageseinrichtungen angeboten wird, fördert das musikalische Gehör und die Freude am Umgang mit Instrumenten.

Jetzt, gleich oder später: Wie ist es denn, wenn ihr beide vereinbart, dass ihr euch ein paar Minuten lang nur singend unterhaltet? Ihr könnt dabei die Vokale langziehen und Silben wiederholen. Ihr könnt mit tiefer oder hoher Stimme, fröhlich und streng singen. Vielleicht fängst du an: „Ich mööööchte eieieinen Spaziergang maaachen. Duuu auch?" Das Kind singt: „Nein, nein, daaas will ich nicht!" Du bist dran: „Sag mir, waaas du maaachen willst?" So kann das weitergehen. Ist doch mal was anderes, oder? Bei einem kleinen Kind singst du: „Daaa ist die Naaase." usw. Es wird seinen Spaß daran haben und vielleicht dein Singen imitieren.

Darum geht's: *Das gemeinsame Musikmachen verbindet. Ganz wichtig ist – wichtiger als immer den richtigen Ton zu treffen –, dass das Singen dir und dem Kind Freude macht und ihr gemeinsam viel Spaß am Spiel mit der Musik habt. Ein kleines Fingerspiel im Sprechgesang, eine gesummte Melodie und die instrumentale Liedbegleitung fördern die auditive Wahrnehmung, unterstützen Lern- und Bewegungserfahrungen, stärken die Nähe und das Vertrauen zueinander.*

Yoga – Kinesiologie – Eutonie

So bekommt dein Kind ein Bild vom eigenen Körper.

Yoga

Wir alle haben ja so unsere Vorlieben, natürlich auch im Zusammenspiel mit dem Kind. Bei mir gehörte Yoga dazu. Genauer gesagt: Kinderyoga.
Yoga ist ein Wort aus dem Sanskrit (Indien) und bedeutet „Verbindung". Es geht um die Einheit von Körper, Geist oder Seele. Die Asanas sind Übungen, die durch Beobachtungen mit der Natur und durch das Nachempfinden mit dem eigenen Körper entstanden sind, z. B. die Katze, der Schmetterling, die Blume, der Baum. Kinder können sich diese Yoga-Asanas gut vorstellen. Dabei spielt es eine wichtige Rolle zwischen Dehnen und Lösen, Anspannen und Entspannen zwischen Bewegen und Ruhen zu pendeln. Bewusste Körperbeherrschung und Eigensteuerung stärken das Selbstvertrauen. Die Durchführung der Übungen (Asanas) wirkt sich positiv auf die Konzentration, die Körperhaltung, die Koordination und den Atem aus. Körper und Gefühle kommen zur Ruhe.

Ein Baum entsteht

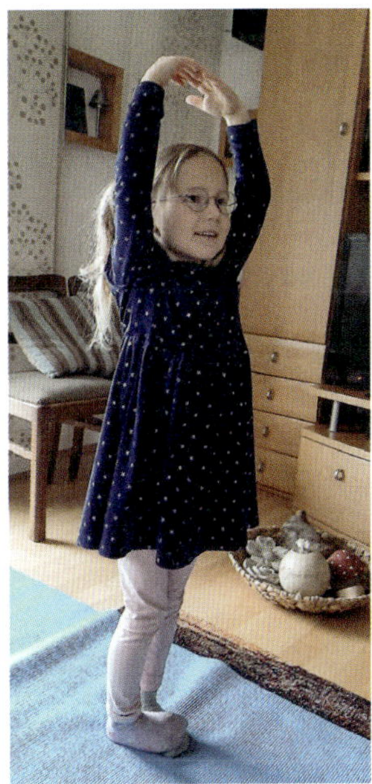

Laubbaum

Tanne

Palme

Meine „Reisen ins Yogaland" habe ich in der Kindergruppe durchgeführt aber auch gern in die Förderung mit einem Kind integriert. Die Zeitspanne betrug dann selten mehr als 10–15 Minuten. Je nach Spielverständnis des Kindes wurde der Umfang gestaltet.

Kinderyoga kann sowohl im familiären Alltag als auch in der Kita einfließen. Es eignet sich hervorragend als kleine Abwechslungspause. Als Grundlage dienen die eigenen Yogaerfahrungen, das Anschauen von Bildern und Videos oder Yogakurse. Wer Kindern Yoga vermittelt muss nicht Spezialist sein, Grundkenntnisse und die eigene Freude am Yoga reichen.

Übrigens: Ähnliches gilt auch für einige Pilates-Übungen, die sich gut für gemeinsame Bewegungserfahrungen mit dem Kind eignen.

Die Blume öffnet und streckt sich. Der Schmetterling schaukelt mit den Beinen.

Sonne

Die Katze kommt ...

...

... und faucht.

Meine Geschichte: Zunächst übt ihr beide nacheinander die einzelnen Asanas: Sonne, Blume und Blüte.
Mit dem Anschlag eines hellen Tones auf der kleinen Klangschale beginnt die einfache und kurze Reise ins Yogaland:
„Die Sonne scheint wunderbar groß und warm. Das gefällt der Blume im Garten. Ihre Blüte streckt sich der Sonne entgegen. Es ist hell und warm. Langsam kommt der Abend. Die Sonne geht unter, die Blume schließt ihre Blütenblätter. Sie schläft."
– Stille –
Zeit lassen. Jetzt folgt die Zurücknahme. Leise sagst du:
„Wir beide kommen wieder zurück in diesen Raum. Du bist wieder (Name des Kindes). *Deine Beine und Arme machen sich ganz lang. Du reckst und streckst dich. Du bist wach und munter."*
Beim nächsten Mal kann die Geschichte fortgeführt werden:
„Ein Schmetterling flattert herum, er entdeckt die Blume, die sich öffnet, ihm gefällt es dort und er fliegt erst davon als die Sonne untergeht und die Blüte ihre Blätter schließt und schläft." – Stille –
Vielleicht kommt als Erweiterung eine Katze dazu: *„Sie schleicht um die Blume herum, sie will den Schmetterling fangen, die Blume beschützt den Schmetterling, indem sie ihre Blüte schließt. Die Katze schleicht sich davon." – Stille –*

Die einzelnen Asanas wechseln also rasch. Die Geschichte wird flüssig erzählt. Ich habe mir so manche erst während der Aktivität ausgedacht. Durch das Zusammenspiel der Erzählung und der Bewegungen erinnerten sich selbst einige Dreijährige erstaunlich gut an die Geschichte und an die Durchführung.

Spannend ist, wenn du Gegenstände (z. B. eine Kuscheltierkatze, eine Stoffblume, ein Schmetterling aus Papier, ein Baum aus Holz), die die gelernten Asanas symbolisieren, hochhältst und das Kind macht die Übung. Kinder wiederum haben riesigen Spaß daran, wenn sie dir auf diese Weise auftragen, welche Übung du machen sollst. Die Asanas auf ein Blatt aufzumalen geht natürlich auch. Oder ihr zaubert euch abwechselnd mit einem Stab in eine Yogafigur. Das Erlösen nicht vergessen!

Als Atemübung kannst du dem Kind die Kuscheltieratmung in Rückenlage zeigen, ein Stofftier liegt auf den Bauch des Kindes, das ruhig atmet. Das Kuscheltier soll sich beim Einatmen heben und beim Ausatmen senken und möglichst nicht runterfallen.

Da fallen euch beiden sicher mehr Yogaspiele ein …

Kinesiologie

Der Begriff Kinesiologie, aus der griechischen Vorsilbe „Kin", bedeutet so viel wie die „Lehre von der Bewegung". Die Bewegungsübungen werden auch Brain-Gym® genannt. Paul Dennison (vgl. Beigel 2018, S. 214ff.) entwickelte diese Gehirn-Gymnastik, die den Kindern hilft unterschiedliche Bereiche des Körpers durch Bewegung zu aktivieren und stressbedingte Blockaden zu lösen. Überkreuzübungen, bei denen die Körpermitte überschritten wird, stärken die Zusammenarbeit der rechten und linken Gehirn-Hemisphäre. Die Konzentrations- und Lernfähigkeit wird verbessert. Zum Teil werden während der Durchführung Ziele und Motivationssätze formuliert. Es gibt unterschiedliche Übungen, ich beschreibe einige, die meinen Förderkindern mit Problemen in der Rechts-Links-Orientierung und Bewegungsplanung geholfen haben und ihnen Spaß bereiteten. Selbstverständlich habe ich mitgemacht.

Beim **Energiegähnen** wird der Mund locker geöffnet, die Kiefermuskeln werden mit den Händen massiert und dabei wird laut gegähnt, wie ein Löwe. Die Übung mehrmals wiederholen.

Bei der **Denkmütze** wird der Kopf leicht nach links und rechts gewendet. Die Hände massieren beide Ohren gleichzeitig zuerst am oberen Teil des Ohrs. Der Daumen liegt innen am Ohr, der Zeigefinger rechts. Jetzt sanft von innen nach außen, von oben nach unten massieren und sanft langziehen bis zum Ohrläppchen. Die Ohren werden angenehm warm und etwas gerötet. 3 bis 5 Wiederholungen. Dabei darf auch gegähnt werden.

Bei der **Übung „Gehirnknöpfe anschalten"** wird die linke Hand auf den Brustkorb gelegt, die rechte auf den Bauch. Beide Hände reiben und streicheln mit ganz leichten Kreisen. Dann werden die Hände gewechselt. Entweder still auf die Tätigkeit konzentrieren oder es kann dabei eine Fähigkeit ausgesprochen werden wie: „Ich kann gut überlegen." Oder: „Ich denke gut nach." Wiederholen.

Bei der **Überkreuzbewegung** wird der rechte Arm zum linken Knie bewegt und dann der linke Arm zum rechten Knie. Diese Übung kann im Sitzen oder im Stehen und sogar im Liegen ausgeführt werden. Es können auch noch andere Körperteile jeweils abwechselnd überkreuz berührt werden.

Meine „**Liegende Acht**" ist aus Holz mit einer Rille in Form einer Acht. Anfangs fährt das Kind mit dem Finger entlang dieser Rille. Wenn es noch nicht den Schnittpunkt überkreuzen will, kannst du seine Hand führen und in die andere Linie überwechseln. Wenn das Kind dieses Brett mit den Händen hält. liegt der Schnittpunkt der Linien direkt vor der Körpermitte. Jetzt kannst du eine Glasmurmel hineinlegen. Die liegende Acht jetzt leicht hin- und herbewegen und die Murmel über die Rillenacht laufen lassen. Die Augen folgen der Handbewegung. Wer das schafft kann

Liegende Acht

Gehirnknöpfe

Überkreuzbewegungen mit Wechsel

vielleicht gleichzeitig ein Ziel dazu sprechen oder leise denken wie z. B. „Ich erkenne Zahlen" oder „ich schneide gut". Das Balancieren der Murmel trainiert die Geschicklichkeit, die Auge- und Handkoordination, die Kraftdosierung, die Rechts-Links-Sicherheit sowie die Konzentration. Außerdem verbessert sich die Frustrationstoleranz, um nach Misserfolgen weiterzumachen, denn zu Beginn springt einem die Murmel schon mal über das Brett hinaus.

Übrigens: Ich war manchmal erstaunt wie ehrgeizig und geschickt schon die Drei- bis Vierjährigen mit der „Liegenden Acht" hantiert haben.

Falls ihr zusammen Spaß daran habt, könnt ihr euch weiter informieren ...

Eutonie

Das Wort Eutonie ist aus dem Griechischen abgeleitet: *eu* = wohl, recht, harmonisch und *tonus* = Spannung. Also ist Eutonie die gute harmonische Spannung. Sie wurde von Gerda Alexander, einer Theaterpädagogin, entwickelt. Die Spielübungen verbessern die Aufmerksamkeit dem eigenen Körper gegenüber. Seine Grenzen, seine Ausdehnungen und die Muskulatur werden gefühlt. Präsenz ist der eutonische Fachbegriff. Die achtsame und konzentrierte Durchführung stärkt das Vertrauen in die eigenen Fähigkeiten. Es werden unterschiedliche Materialien eingesetzt, die der Spielfreude entgegenkommen.

Ich habe mir eine Tasche mit folgenden Materialien zusammengestellt: Gefüllte Säckchen (Korken, Kastanien, Kirschkerne, getrocknete Bohnen oder Körner), Tennisbälle, Filzbälle, Igelbälle und Malpinsel. Die Säckchen habe ich aus Stoffresten genäht, es eignen sich auch Handwaschlappen, die nach dem Befüllen nur noch zugenäht werden.

Übrigens: Sanfte Massagen des Körpers mit diesen Säckchen mögen auch schon die ganz Kleinen.

Der folgende Übungsdialog zeigt beispielhaft den Umgang mit einem Säckchen oder Tennisball. Die detaillierten Aufträge und Fragen lenken die Achtsamkeit auf den Körper:

Ihr zwei zieht die Schuhe aus und steht barfuß oder mit Socken auf dem Boden. Du fragst: „Ist der Fußboden warm oder kalt?" – *Dein Kind antwortet*. Wenn das Kind nicht antwortet, kannst du die Frage wiederholen, sie etwas verändern oder selbst beantworten.

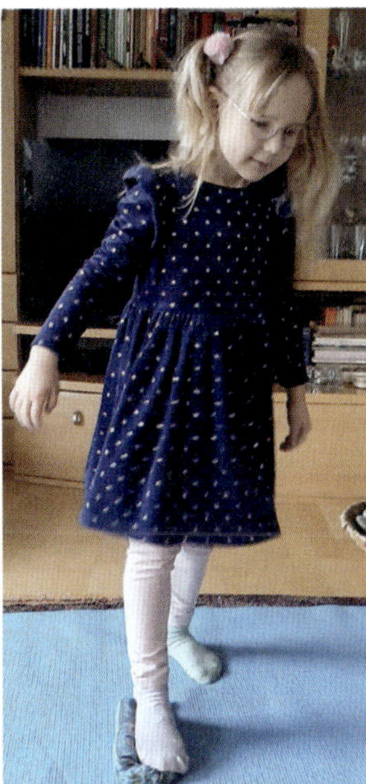

Beide nehmt ihr euch ein Säckchen (Tennisball) in die Hand, befühlt es und überlegt was da wohl drin ist. – „*Kastanie.*"
Jetzt legt ein Säckchen unter einen Fuß, links oder rechts, das ist egal. Ihr steht jetzt mit einem Fuß darauf und bewegt euch ein bisschen hin und her.
Es folgen weitere Fragen: „Tut es weh oder kitzelt es, wenn du auf den Kastanien stehst?" – „*Es stichelt.*" – Ein kleines bisschen darf es piksen.
Stehst du auf wenigen oder auf vielen Kastanien?" – „*Auf vielen.*"
„Wie fühlen sie sich an?" – „*Sie sind rund.*" „*Sie sind hart.*" „*Sie piksen*"
„Schaukle jetzt mal nach vorn und nach hinten. Was passiert jetzt mit dem Fuß? – „*Es kitzelt.*"
„Versuche, deinen Fuß auf das Säckchen zu klopfen und zu drücken."
Und dann sagst du plötzlich: „Und jetzt gehen wir ganz schnell von den Säckchen herunter. Versuche, ganz ruhig stehen zu bleiben. Spüren!" – „Wie fühlt sich jetzt dein Fuß an?" – „*Er ist warm.*"
Du sagst auch was du fühlst: „Mein Fuß fühlt sich auch warm an. Stehst du auch so fest auf den Boden?" – „*Ja!*"
„Eine Seite des Körpers spüre ich sehr. Du auch?" Diese Nachspürzeit ist wichtig!
Damit sich beide Körperhälften wieder gleich anfühlen, die gleiche Übung mit dem anderen Fuß wiederholen.
Am Ende stellst du fest: „Ich stehe jetzt stark und sicher auf dem Boden! Du auch?"

(Nach: Jenny Windels, Eutonie mit Kindern. In: E. Bobinger (1998): Eutonie – Kinder finden zu sich selbst. S. 64 f. Don Bosco)

Vielleicht stellt ihr noch andere Empfindungen fest. Wichtig ist das „Sich-Zeit-lassen". Natürlich muss es nicht wortwörtlich und nicht so ausführlich ablaufen. Richte dich nach den Fähigkeiten des Kindes.

Spür-Übungen: Ihr könnt euch auch mit den Schultern auf ein Säckchen legen, mit den Pobacken daraufsetzen und ein bisschen rutschen und es mit den Händen befühlen, ertasten und spüren. Mit unterschiedlichen Bällen rollt und klopft ihr den Körper, mit Pinseln streichelt ihr über die Arme und Beine.

Achtung: Bitte nicht mit der Wirbelsäule auf etwas Hartes legen oder sie damit massieren!

Folgende Übung aus dem Bereich der Eutonie können die Vier- bis Siebenjährigen schon ganz gut umsetzen. Ihr beide habt jeweils einen einfachen Pinsel in der Hand. Du, als Sprecher*in machst alle Bewegungen mit. Es ist nicht schlimm, wenn das Kind schneller agiert. Deine wiederholte und ruhige Anleitung wird sich auf sein Verhalten auswirken. Du kannst vorschlagen, die Augen für eine Weile zuzumachen. Es verstärkt den Eindruck. Es muss aber nicht zwingend sein.

Achte bitte auf kurze Sprechpausen. So ähnlich kannst du anleiten:
„Stell dir vor, wir beide stehen vor einer großen Wand. Wir wollen diese Wand anmalen. Einen Pinsel haben wir in der Hand. Stell dir vor, da steht ein Farbtopf. Mit langsamen Bewegungen bückst du dich, der Arm wird mit dem Pinsel in den Farbtopf getaucht und wieder gehoben, du machst dich lang und bemalst die Wand. Jetzt bückst du dich wieder, tauchst den Pinsel ein und machst dich wieder lang. Ganz langsam malst du jetzt Striche, dünne oder dicke Striche."
„Wir können die Farbe wild drücken oder flüchtig malen, spritzen, Punkte malen. Lass es uns probieren."
„Komm, wir stellen uns vor, dass wir unsere Gefühle auf diese Wand malen. Bist du wütend, malst du deine Wut, bist du fröhlich malst du freudig." – Sprechpause ...

Es folgt die Ruhetönung: *„Die Wand ist jetzt schon sehr vollgemalt. Schau dir noch ein wenig in Gedanken dein Bild an. Welche Farben hat es? Was fühlst du? Gefühle, die dir nicht guttun, bleiben auf Wand. Gefühle, dir gut tun behältst du."* Einige Zeit nichts sagen.
Es folgt die Zurücknahme. *„Jetzt recken und strecken wir uns. Wir sind wieder hier im Raum."*
Danach unterhaltet ihr euch noch ein bisschen über die Gefühle oder ihr malt real auf einem Blatt Papier.

Da fällt euch sicher noch vieles ein ...

Jetzt, gleich oder später: Immer, wenn der Ton erklingt verändert sich die Körperhaltung. Dieses „Denkmal spielen" macht Spaß. Ihr braucht eine Metallschale und ein paar Münzen. So kannst du es erklären: „Manchmal stehen an besonderen Plätzen verkleidete Leute ganz unbeweglich auf einem Podest. Sie sind ein Denkmal. Sobald jemand ein Geldstück in eine Schale wirft, bewegt sich das Denkmal kurz, verändert seine Position und steht wieder unbeweglich da. Erklingt wieder die Münze macht es wieder eine kurze Bewegung. Und das machen wir beide jetzt abwechselnd. Wer soll anfangen?"
Ein kleines Kind kann mit dir auf dem Arm ein Denkmal bilden. Eine Münze wird von dir oder einer anderen Person in die Schale geworfen, es klingt und du machst mit dem Kind eine deutliche Veränderung eurer Position.

Darum geht's: *Yoga, Kinesiologie, Eutonie sind Körperübungen in Ruhe und Bewegung. Sie können vor Konzentrationsaufgaben zur Verbesserung der inneren Sammlung und Aufmerksamkeit durchgeführt werden.*
Kinderyoga findet bevorzugt in Geschichten statt. Übungen wechseln rasanter als im Erwachsenen-Yoga.
Durch Überkreuzbewegungen in der Kinesiologie konzentriert sich das Kind sehr auf die Bewegungsplanung.
In der Eutonie steht das Spüren einer wohltuenden Körperspannung durch bewusstes und langsames Ausführen (Präsenz) der Aufgaben im Vordergrund.
Wesentlich ist der Austausch mit dem Gegenüber über die Körperwahrnehmungen und die zusammen erlebte Bewegungsfreude.

Zahlen – Mengen – Rechnen

Mathematik für dein Kind zum Anfassen und Ausprobieren.

„1,2,3 im Sauseschritt gehen alle Kinder mit." Wer kennt sie nicht, diese Reime, Fingerspiele, Kinderlieder, die mit Zahlen spielen. Zahlen begegnen uns einfach überall. Kinder zeigen uns stolz, dass sie schon bis 5 oder 10 zählen können oder beim Regelspiel die Mengen auf dem Würfel erkennen und Zahl für Zahl die Spielfigur weitersetzen. Zuerst erfolgt das Zählen mechanisch, im Verlauf werden Mengen simultan erfasst, d. h. ich sehe auf Anhieb, ob da zwei oder vier Teile liegen. Die Kinder von drei bis sechs Jahren erfassen in der Regel die Menge, die ihrem Lebensalter entspricht.

Klar, dass die Mathematik auch zum Spielen, Lernen und zur ganzheitlichen Förderung gehört. Sie ist uns in einzelnen Kapiteln schon begegnet.

Da wird zuerst ein Löffel angeboten, und dann kommt noch einer dazu: „Jetzt haben wir zwei." Das darf dem Kleinkind auch sprachlich mitgeteilt werden. Einer wird weggenommen: „Wo ist er denn? Es ist nur noch ein Löffel da! Wo ist der andere denn nur geblieben." – „Ach, unter der Schüssel. – Jetzt sind es wieder zwei Löffel." Diese kleinen Rechenübungen können mehrmals wiederholt werden.

Beim Tischdecken überlegt ihr gemeinsam, wie viele Personen ihr seid und wie viele Teller ihr braucht. Die passende Anzahl Löffel holt das Kind aus der Schublade.

Beim Aus- und Einräumen wird eine Kastanie in eine Lade des kleinen Schubladenschranks gelegt, in die andere drei. „Wo sind viele Kastanien? – Da ist nur eine, vielleicht in der anderen Lade? – Ja, hier sind viele. Komm wir zählen. – Eins, zwei, drei." Beim Zählen wird eine Kastanie angefasst und zur Seite geschoben. Dieses Zählspiel wird wiederholt, abgewandelt und eventuell bis sechs gesteigert.

Bewegen und Zählen, auch das ist möglich. Aus wie vielen Bausteinen besteht der Turm, den wir zusammen aufgebaut haben. Mit den großen Schaumstoffblöcken Türme bauen. Einen Turm aus drei Blöcken bauen, das geht gerade noch allein. Beim vierten braucht das Kind Unterstützung. Da werden Höhen- und Mengenunterschiede sichtbar. Oder wir springen über mehrere auf den Boden abgelegt Seile und zählen dabei jeden Sprung.

Kleine Aufträge habe ich gern verteilt: „Bring mir bitte drei kleine Bälle." Oder das Kind hat mir aufgetragen: „Hole sechs groß Bälle." Und wir beide haben lachend gemerkt, dass ich die nicht allein tragen kann, sondern Hilfe benötige oder zweimal gehen muss.

In einem Säckchen werden drei Steine getastet, und wie viele sind es im anderen? Im Sandkasten wird eine Reihe aus zehn Steinen gelegt und festgestellt, dass die Reihe aus sechs Steinen viel kürzer ist.

Beim Aus- und Einräumen, beim Umfüllen des Wassers, beim Umschütten der Linsen, immer wieder verändert sich das Volumen mit der Größe der Behälter.

Auch die Formen des Legespiels können zu Reihen gelegt werden. Sind alle gleich lang? Welche ist die längste, welche die kürzeste? Zeig es mir? Wie viele fehlen?

Übt ihr zusammen euer Gedächtnis liegen unter dem Tuch statt fünf nur noch vier Formen! Oder zwei gelbe Kreise fehlen! Oder ...?

Sind hier mehr blaue Formen als grüne oder gleich viele? Sind auf einem Bild mehr rote als gelbe? Zählt zusammen nach! Löst noch weitere Aufgaben *gemeinsam*.

Beim Steckspiel müssen die Formen richtig eingesteckt werden, sonst gelingt es einfach nicht. Da wird gefühlt, geschaut, ausprobiert und verworfen. Die runde Kugel muss ins runde Loch, der viereckige Klotz passt nicht in das Loch mit drei Ecken. Da wird Geometrie erfahrbar.

Im Bilderbuch gibt es viel zu sehen. „Komm, wir zählen die Bäume! Und wie viele Menschen schauen sich die Bäume im Park an?“ Da könnt ihr gemeinsam überlegen, ob jetzt wohl mehr Bäume oder mehr Menschen zu sehen sind. Oder sind es gleich viele?

Und im Handpuppenspiel hat das Krokodil wirklich Schwierigkeiten mit dem Zählen. Das übt ihr gemeinsam mit dem zerstreuten Tier.

Bei Übungen zur Körperwahrnehmung stellt ihr gemeinsam fest, dass ihr zwei Arme, zwei Hände und fünf Finger an jeder Hand habt: 5 + 5 = 10. Und wenn die Daumen versteckt werden sind es nur noch 8. Betrachtet ihr euch im Spiegel, sind zusammen viele Finger zu sehen.

Sammelt beim Spaziergang ins Wäldchen doch Stöckchen. Lässt sich daraus ein Rahmen für ein Bild legen, wie viele braucht ihr?

Beim „Einkaufen und Verkaufen“ gibt es viele Möglichkeiten, mit Zahlen und Mengen umzugehen. Es muss ja auch bezahlt werden.

Beim Zusammenstecken von Playmobilzäunen gibt es kleine und große Gatter. „Passen alle Pferde auf die Koppel? Was meinst du? Versuchen wir es! – Nein, wir müssen sie vergrößern.“ So wird gelernt, Flächen in Beziehung zu Mengen abzuschätzen.

Zusammen mit dem Vorschulkind werden Zahlen gezeichnet, aufgeklebt, ausgemalt oder an die Magnettafel gesetzt.

Erfindet Geschichten mit Mengen und Zahlen. Das kann so beginnen:

Leon ist fünf Jahre alt. So alt wie Finger an einer Hand. Er fährt gerne Fahrrad. Leon kann das gut. Eines Tages baut der Papa die beiden Stützräder ab. Jetzt hat das Fahrrad nur noch zwei Räder, vorher waren es vier. Zusammen mit seinem Papa übt Leon das Fahren auf zwei Rädern und wird immer sicherer. Seine kleine Schwester schaut zu. Sie ist drei Jahre alt und fährt mit einem Dreirad. Die Mama kommt nach Hause. Sie fährt ein kleines Auto. Leon stellt fest, dass es vier Räder hat, genauso viele wie das sehr große Auto von den Nachbarn.

Wenn ihr wollt könnt ihr die Geschichte weiterführen. Oder es wird ein Geschichtensäckchen dazu eingepackt.

Rhythmus, Klänge und einzelne Töne vertiefen das Verständnis für Satzmelodien und Zahlen. Wie viele Silben haben die Wörter Polizei oder Urgroßmutter oder euer Name? Klatscht diese und noch mehr Wörter.

Das Falten von Papierblättern nicht vergessen. Es verändert sich ein Quadrat zu einem Rechteck, wenn es in der Mitte gefaltet wird. Zwei Ecken bis zur Faltlinie umgeschlagen lassen ein Dreieck entstehen. So bekommt ein Haus ein Dach, wenn es an ein viereckiges Blatt gelegt wird. Eine rechteckige Tür und ein quadratisches Fenster machen das Haus komplett. Werden die Faltungen komplizierter, verwandelt sich das Blatt Papier und die Fläche wird zu einem Körper. Sehr gut ist das beim Schiff zu sehen.

Viele Angebote beinhalten die Themen Mengenbildung, Rechenoperationen und geometrische Grundformen und werden im Spiel praktisch erprobt. Bei Aufgaben in Arbeitsblättern werden diese Lernfragen und Erkenntnisse in eine abstrakte Form gebracht.

Da fallen euch beiden ganz sicher noch viele Mathespiele ein …

Auf dem Markt gibt es viele Puzzle, Zuordnungs- und Regelspiele zum Thema Mathematik. Hier gilt es, gerade wenn dieser Lernbereich deinem Kind Schwierigkeiten bereitet, dass das Spiel eine ansprechende Form und einen hohen Aufforderungscharakter hat. Es sollte nicht lange dauern, bis ein erfolgreiches Spielergebnis vorliegt. Das Kind soll zwar angemessen gefordert aber nicht überfordert werden. Das Spiel „Schlaubär lernt zählen" bietet etliche Möglichkeiten. So können farbige Würfel aufgefädelt werden. Memorykarten mit Zahlen von 1 bis 10 mit passenden Mengenabbildungen können zueinander finden oder erwürfelt werden. Es müssen zunächst nicht alle Karten bis zum Zahlenraum 10 eingesetzt werden.

Mein Lieblingsspiel „Quak" haben ich und so manches Förderkind unzählige Male mit Freude gespielt. Zuerst werden aus einem Säckchen eine Handvoll Frösche gezogen, für jeden acht – nach Möglichkeit zählt das Kind. Es geht darum, dass die Frösche nacheinander auf Seerosen im Teich verteilt werden. Gewonnen hat, wer zuerst keinen Frosch mehr hat. Ein Farbwürfel bestimmt die Farbe der Seerose, auf die sich der Frosch setzen darf. Ist diese besetzt, muss der Frosch weggenommen werden und die Seerose kann erst in der nächsten Runde wieder besetzt werden. Wird Blau gewürfelt, taucht der Frosch mit einem Plumps ins Wasser und bleibt dort. So wechselt die Anzahl der Frösche ständig.

Lern
Spiel
Spaß
HABA
Quak
HABA
Quak

Im Spiel vergleiche ich die Menge der Frösche mit dem Kind. Wer hat mehr. Wir zählen. Hat jemand nur noch zwei Frösche, wird angekündigt, dass das Spiel bald gewonnen ist. Aber bei den nächsten Würfelrunden müssen ja vielleicht schon wieder Frösche von den Seerosen genommen werden – „So ein Pech!" Jetzt sind es wieder vier oder gar alle acht. So geht das hin und her. Über deinen (ein wenig gespielten) Ärger freut sich jedes Kind. Und falls es verliert, hat es beim Abräumen Spaß daran, alle Frösche ins Wasser plumpsen zu lassen. Beim nächsten Mal gewinnt es sicher.

Übrigens: Im Zusammenspiel mit dem Kind gab es keine Diskussion um den Gewinn, sondern jeweils einen ersten und zweiten Sieger. Wirklich verloren hat bei so viel „miteinander Spaß haben" doch niemand!

Beim Spiel mit dem Schloss aus „Vier erste Spiele" geht es von Farbe zu Farbe, beim weißen Pfeil wird eine Bildkarte genommen und dort wo sich diese Abbildung auf dem Spielfeld befindet zieht der Spielstein. Es geht also vor oder zurück. Bei einem Mengenwürfel bis drei habe ich einen weißen Punkt gemacht. So wird gezählt und Entfernungen vom Schloss werden sichtbar. Wer zuerst das Schloss erreicht, gewinnt. Beim Spiel „Planet der Sinne" werden Formen zugeordnet.

Jetzt, gleich oder später: Zeigt her eure Kuscheltiere. Wie viele habt ihr? Holt sie doch mal alle. Sind es 5 oder sogar 10? Los geht's mit dem Zählen. Wer schließt zuerst die Augen, wer nimmt heimlich eins oder mehrere weg? Wie viele sind es noch? Welche sind weg? Legt alle in eine Reihe. Was ist das erste Tier? Und wo ist das zweite? Und wo das siebte?
Fotografiert eure Kuscheltiere doch mal. Nehmt dann ein oder zwei oder mehr Kuscheltiere weg. Wie viele und welche fehlen? Hund und Katze? – Auf dem Foto oder Smartphone ist der Beweis!
Und auf diesen Fotos? Wie viele kuschelige Kaninchen sind auf dem ersten Bild? Und eins ist dazugekommen. Das ergibt wie viele?
Wie viele Kuscheltiere sind auf dem unteren ersten Bild zu sehen? Und wie viele wurden weggenommen? Zählt noch mal nach!
Wie heißen diese Tiere? Wie viele Bären sind zu sehen? Welches Tier ist groß, welches klein? Fallen euch noch andere Fragen ein?
Sucht andere Dinge, die zusammen gehören, legt sie zusammen auf ein Tablett und zählt sie.

Darum geht's: *Beim Beschäftigen mit Zahlen – Mengen – Rechnen wird mit alltäglichen Dingen experimentiert und geforscht. Kleine Rechenoperationen sind faszinierend. Mengenveränderungen werden anschaulich wahrgenommen. Es macht einfach Spaß, mit Zahlen zu spielen.*

Zum Abschluss

Abschließend fasse ich noch die Gedanken zusammen, die mir am Herzen liegen und die grundsätzlich wichtig für das Spielen zu zweit sind:

Jedes Kind hat seine ganz eigene Art und möchte so wie es ist wahrgenommen und beachtet werden.

Ein Kind braucht Rückzugsmöglichkeiten am Tag, bei denen es sich vertieft mit ausgewählten Materialien auseinandersetzen kann. Im Freispiel folgt es allein seinen Interessen und Lernbedürfnissen. Es handelt eigenständig motiviert aus sich heraus.

Es benötigt das Füreinander-da-sein in der Familie sowie das voneinander Lernen und miteinander Spielen in der Kindergruppe.

Zeit zu haben und gelegentliche ungeteilte Aufmerksamkeit für ein Kind allein, stärkt auch im familiären Bereich das Miteinander. So können auch Tätigkeiten aus dem lebenspraktischen Bereich in Ruhe und Gelassenheit in ein Spiel eingebettet oder geübt werden. Die Bezugsperson ist ganz beim Kind, ermutigt es, und freut sich mit ihm über Erfolgserlebnisse.

Auch in der Kita ist es für ein Kind manchmal notwendig, dass die Erzieher*in sich eine kleine Weile allein mit ihm beschäftigt. Ein Kind mit Entwicklungs- und Wahrnehmungsbesonderheiten braucht mitunter etwas mehr individuelle Betreuung, mehr Struktur, mehr Spielwiederholungen, stärkere Reize, Anregungen und Informationen. Durch Zuwendung und Begleitung lernt es, sich aufmerksam mit Handlungen auseinanderzusetzen und im freien Spiel umzusetzen.

Übrigens: Wird ein Kind genügend beachtet und wahrgenommen, macht es im Alltag oftmals weniger durch störendes und aggressives Verhalten auf sich aufmerksam.

Jedes Kind entwickelt sich individuell. Im Spiel zu zweit werden seine Vorlieben gesehen und entsprechend begleitet. So erhält es neue Impulse für das Freispiel. Weitere Entwicklungsschritte werden eingeleitet und die sozial-emotionale Kompetenz gefestigt. Überschaubare Aufträge helfen, selbstständig zu werden. Das Kind macht die Erfahrung, etwas geschafft zu haben. Anerkennung und Zutrauen des Erwachsenen stärken sein Selbstwertgefühl.

Ebenso überprüft die Entwicklungsbegleitung ihr Verhalten und die Spielplanung gedanklich: Was hat heute gut geklappt? Warum ist dieses Spiel nicht gelungen?

Wie kann ich für diese Spielart begeistern? Was mache ich demnächst anders? Braucht dieses Kind mehr Zuspruch? Fühlt es sich über- oder unterfordert?

Das Kind beim Ablauf der Spielzeit miteinbeziehen: Es kann die Entscheidung zwischen einer Auswahl von zwei bis drei Spielmaterialien treffen oder sich eine Spielhandlung ausdenken. Beim Ein- und Aufräumen oder der Beseitigung kleiner Missgeschicke wird das Kind im Rahmen seiner Möglichkeiten miteinbezogen. So lernt es, Dinge in Ordnung zu bringen. Ein Schimpfen erübrigt sich.

Im Zusammenspiel ist Kompromissbereitschaft notwendig. Manchmal müssen beide etwas von den eigenen Wünschen zurücknehmen. Erwachsene haben oftmals Vorstellungen, auf welche Weise etwas gemacht werden soll. Vorschläge und Meinungen des Kindes können aber richtig gut sein. Wird ihm zugestimmt, erlebt der junge Mensch eine Stärkung seiner Autonomie und Selbstwirksamkeit. Lassen sich utopische Ideen nicht verwirklichen, wird die erwachsene Person das begründen können und sich ohne lange Diskussionen mit dem Kind einigen.

Dem Kind zeigen, dass auch der große Mensch nicht immer Recht hat: Es ist vorbildlich, dass er sich für Fehleinschätzungen oder einen unglücklichen Tonfall entschuldigt oder sein Bedauern ausdrückt.

Durch das Vorbild der Spielbegleiter*in lernt das Kind, auch eigene Gefühle und Unstimmigkeiten durch Ich-Botschaften zu äußern. Gemeinsam wird nach machbaren Lösungen gesucht. Im Zweierkontakt lässt sich ein Kind erfahrungsgemäß gut auf altersgerecht geführte Gespräche ein.

Alltagsgegenstände und Spielmaterialien ermöglichen kreative Spielgestaltungen und spannende Beschäftigungen. Bei der Durchführung neuer Spielinhalte gilt der Grundsatz: vom Leichten zum Schweren.

Ab und zu das Kind mit Aktionen mit Aha-Effekten überraschen. Als Erinnerung an ein besonderes Erlebnis zu zweit kann hin und wieder eine passende Kleinigkeit wie eine Postkarte oder etwas aus der Natur mitgeben werden. So ein Anker ist nicht als Belohnung für Leistung zu verstehen.

Das Kind lebt überschüssige Energie und Anspannung durch Bewegung an der frischen Luft aus. Daher oft zusammen draußen spielen, es bei kleinen Gartenarbeiten miteinbeziehen und die Natur mit allen Sinnen entdecken.

Sich erinnern an schöne Kindheitserlebnisse und Spiele hilft bei der Suche nach Ideen. Ein Kind hört gern, was Mama oder Papa, Großeltern und Leute, die es gut kennt, erlebt haben, als diese noch Kinder waren.

Ein Kind profitiert davon, wenn es Gelegenheit hat, sichere emotionale Bindungen zu verschiedenen Menschen mit unterschiedlichen Fähigkeiten aufzubauen, die sich Zeit für gemeinsame Aktivitäten nehmen.
Es ist schon wichtig, dass das Spiel auch der Bezugsperson Spaß macht. Bewirkt das Zusammenspiel durch die beiderseitige Begeisterung Glücksgefühle, bleibt das Erlebnis haften. Das ist dann der Fall, wenn die spielerische Herausforderung zu den Fähigkeiten des Kindes passt und gleichzeitig neue Lernerfahrungen bietet, das Kind somit weder unter- noch überfordert ist.

Übrigens: Ein Kind drückt sein Glücksempfinden nicht nur mimisch und sprachlich, sondern auch durch freudige Bewegungen aus. Geht es nach eurer Spielzeit leicht schwingend mit den Armen oder hüpfend aus den Raum, hast du vieles richtig gemacht.

Spielend spielen lernen

Meine Spieltasche ist nun ausgepackt. Zu jedem Buchstaben des Alphabets wurden viele Spielmöglichkeiten vorgestellt. 26 Buchstaben hat unser Alphabet und 52 Wochen das Jahr. Da Spiele von Zeit zu Zeit wiederholt werden sollten, gibt es somit für mindestens jede Woche eines Jahres Spielanregungen aus allen Bereichen der ganzheitlichen Entwicklungsbegleitung. Beim Versuch, den einzelnen Überschriften Förderschwerpunkte zuzuordnen, stellte ich fest, dass diese ihren Weg in nahezu alle Kapiteln finden.

Diese Förderbereiche sind:

- Wahrnehmung
- Körpermotorik
- Handmotorik
- Sprache und Sprachverständnis
- Kommunikation und Interaktion
- Aufmerksamkeit und Konzentration
- Spiel- und Lernverhalten
- Kognition (Erlernen von Fähigkeiten im Bereich des Denkens und der Wahrnehmung)
- Sozial-emotionale Kompetenz

Viele Spielvorschläge lassen sich für jedes Kind individuell entwickeln und miteinander verknüpfen. Besteht z. B. beim Kind eine Vorliebe für das Bauen, so wird dieses Interesse durch die sprachliche Begleitung einer „Kleinen Welt“ mit Spielplatzfiguren, Tieren, Autos, Puppen erweitert. Durch die Spielfreude und die innere Motivation am Legen und Bauen werden die Stärken des Kindes angesprochen. Mit den zugefügten Rollenspielutensilien wachsen auch die Fähigkeiten im sprachlichen und handmotorischen Bereich sowie im Handlungsaufbau und der Interaktion. Ein ganzheitliches umfassendes Spielerlebnis ist für große und kleine Leute eine Bereicherung.

Die ungeteilte Aufmerksamkeit, die Begeisterung am Austausch und am gemeinsamen Handeln, die das Kind im Spiel zu zweit erlebt, sind wertvolle Erfahrungen. Handlungen erfolgreich miteinander umsetzen können und gegenseitiges Sich-Helfen festigen Selbstwirksamkeit, Kooperationsfähigkeit und Verbundenheit.

Die Tasche für die Spielzeit zu zweit wird individuell für jedes Kind eingepackt. Aber folgende Haltungen und Verhaltensweisen gegenüber dem Kind gehören in jede Tasche:

- Zuneigung und Wertschätzung
- Zuwendung und Feingefühl
- Zuspruch und Ermunterung
- Zutrauen und Verständnis
- Zeit und Geduld

Denn das ist wichtig und immer richtig!

Danksagung

Dieses Buchprojekt wäre ohne die Unterstützung vieler Menschen nicht zu Stande gekommen. Deshalb gilt mein Dank meiner Familie, die mir beratend und begleitend zur Seite gestanden hat. Ein herzliches Dankeschön meinen Geschwistern, meinen Nichten und Neffen, meiner Schwägerin, den Freundinnen und Bekannten, die mich ermutigt und mir geholfen haben, dieses Projekt zu verwirklichen.

Bedanken möchte ich mich auch bei der Stadtbücherei Schwerte für ihr gutes Sortiment an pädagogischer Fachliteratur. Ich habe fast zwei Jahre viele Bücher ausgeliehen. Bei der Gelegenheit bedanke ich mich bei Andrea R., die mich nach der Lektüre einiger Testkapitel darin bestärkt hat, den Weg als Autorin dieses Buches zu gehen.

Mein Dank gilt meinen ehemaligen Kolleginnen, die mich unterstützt haben und ein offenes Ohr für Fragen in ihrem jeweiligen Fachgebiet hatten.

Ich danke der Frühförderstelle im Kreis Unna für fast dreißig Jahre guter Zusammenarbeit, in denen ich unendlich viele Erfahrungen sammeln konnte. Ich danke für die freundliche Genehmigung, hier einige Spielmaterialen fotografieren zu dürfen.

Ich bedanke mich bei allen Kindern, die ich kennenlernen durfte, mit denen ich viele Stunden mit Freude gespielt habe und die mir ihr Vertrauen schenkten.

Danke allen, die sich mit Bildern an diesem Buch beteiligt haben.
Liebe Großeltern, Eltern und Kinder auf den Fotos, euch ein herzliches Dankeschön.
Ihr macht dieses Buch bunt und lebendig!

Bildnachweis

Danylo Chyzhov: Kapitel „Wahrnehmung“ (1 Grafik)

Groenke: Kapitel „Bewegen“ (1 Bild), „Cremen“ (1 Bild), Kapitel „Erzählen“ (4 Bilder), Kapitel „Jahreszeiten“ (4 Bilder), Kapitel „Legen“ (1 Bild), Kapitel „Verstecken“ (2 Bilder), Kapitel „Wahrnehmung“ (2 Bilder)

Nordbeck: Kapitel „Ausräumen“ (3 Bilder), Kapitel „Cremen“ (2 Bilder), Kapitel „Drehen“ (2 Bilder), Kapitel „Erzählen“ (3 Bilder), Kapitel „Jahreszeiten“ (3 Bilder), Kapitel „Malen“ (4 Bilder), Kapitel „Übungen“ (3 Bilder), Kapitel „Wahrnehmung“ (1 Bild), Kapitel „Xylophon“ (1 Bild)

S. Suhling: Kapitel „Jahreszeiten“ (1 Bild), Kapitel „Wahrnehmung“ (1 Bild)

Hanne Westenberg: Kapitel „Drehen“ (4 Bilder)

Privat (B.): Kapitel „Cremen“ (2 Bilder), Kapitel „Jahreszeiten“ (1 Bild), Kapitel „Kaufladen“ (4 Bild), Kapitel „Übung“ (3 Bilder)

Privat (S.): Kapitel „Jahreszeiten“ (1 Bild), Kapitel „Kaufladen“ (2 Bild), Kapitel „Legen“ (1 Bild), Kapitel „Puzzle“ (1 Bild). Kapitel „Rollen“ (3 Bilder), Kapitel „Übung“ (1 Bild)

S. 221, Виктория Черная – stock.adobe.com

S. 222, samiramay – stock.adobe.com

Alle anderen Fotos: Marlies und Friedrich Ratering

Literatur

Ayres, A. J. (2016): Bausteine der kindlichen Entwicklung. Springer

Beigel, D. (2018): Flügel und Wurzeln. Persistierende Restreaktionen frühkindlicher Reflexe und ihre Auswirkungen auf Lernen und Verhalten. verlag modernes lernen

Bobinger, E. (1998): Eutonie – Kinder finden zu sich selbst. Don Bosco

Bostelmann, A. (2006): Praxisbuch Krippenarbeit. Verlag an der Ruhr

Bröder, S. (2014): Du verstehst mich nicht! Wie Kinder lernen mit Gefühlen umzugehen. Herder

BZgA (Bundeszentrale für gesundheitliche Aufklärung)
Broschüren: Unsere Kinder. Das Baby. Gut hinsehen und zuhören! Kinderspiele

Davies, S. (2020): Montessori für Eltern. Beltz

Dennison, P. (1997): Brain-Gym-Lehrerhandbuch. VAK

d'Esclaibes, S. und N. (2019): Das Montessori Praxisbuch. Anaconda

Dinkmeyer, D. sen.; McKay, G. D. (2001): Step Elternhandbuch. Beust

Fortbildungshandbuch (2008): „Wach, neugierig, klug", DVD und Textheft, Bertelsmann Stiftung

Franz, M. (2016): Heute wieder nur gespielt – und dabei viel gelernt! Don Bosco

Friedl, J. (2007): Sprache erleben, Sprachförderung für Kinder. Ravensburger Buchverlag

Friedrich, H. (2013): Beziehungen zu Kindern gestalten. Cornelsen

Friedrich, G. (2017): Komm mit, lass uns mit Mathe spielen. Herder

Friedrich, G.; Bordihn, A. (2019): Komm, lass uns Fröbel neu entdecken. Herder

Fröbel (1826): Die Menscherziehung, S. 34

Grimm, S. (2011): 100 kreative Dinge die ihr Kind gemacht haben sollte. Frech

Heimer, A. (2022): „Euch nervt's – für mich ist es sinnvoll". Neue Blickwinkel für schwierige Verhaltensweisen von wahrnehmungsbesonderen Kindern. verlag modernes lernen

Hille, K.; Evanschitzky, P. et al. (2019): Das Kind – Die Entwicklung zwischen drei und sechs Jahren. Handwerk und Technik

Hohloch, C. (2020): Schildi Schildkröt entspannt sich, (erzählt gern, konzentriert sich) Übungen aus Yoga und Kinesiologie. Klett Kita

Joiner, N.; Rücker, D.; Heinlein, K. (2010): Knüllen, falten, schneiden, färben. Ökotopia

Juul, J.; Hoeg, P. (2012): Miteinander. Beltz

Kasten, H. (2007): 0 – 3 Jahre, Entwicklungspsychologische Grundlagen. Cornelsen

Kiphard, E. J. (2021): Wie weit ist ein Kind entwickelt? verlag modernes Lernen

Klein, M. (2011): Mit den Kleinsten in Kontakt. Ökotopia

Largo, R. (1993): Babyjahre. Carlsen

Lohf, S. (2020): Komm, lass uns spielen! Gerstenberg

Meier, C.; Richle, J. (2002): Sinn-voll und alltäglich, Materialsammlung für Kinder mit Wahrnehmungsstörungen. verlag modernes lernen

Nitsch, C.; Kasten, H. (2014): Wie unsere Kinder die Welt sehen. Gräfe und Unzer

Nitsch, C.; Hüther, G. (2004): Kinder gezielt fördern. Gräfe und Unzer

Pighin, G. (2005): Die besten Förderspiele von 0 bis 6 Jahren. Urania

Pikler, E. (2019): Lasst mir Zeit. Pflaum

Renz-Polster, H: Hüther, G. (2013): Wie Kinder heute wachsen. Beltz

Schenk-Danzinger L. (1971): Entwicklungspsychologie. Österreichischer Bundesverlag

Scherwarth, C. (2021): Liebe lässt Gehirne wachsen – Wie Bindungsbeziehungen Kinder in ihrer Entwicklung stärken. Verlag an der Ruhr

Sedlack, F. (1990): Hurra, ich kann's. Österreichischer Bundesverlag

Seldin, T. (2007): Kinder fördern nach Montessori: So erziehen Sie Ihr Kind zu Selbstständigkeit und sozialem Verhalten. Dorling Kindersley

Sinnhuber, H. (2021): Spielmaterial zur Entwicklungsförderung – von der Geburt bis zur Schulreife. verlag modernes lernen

Steiner, F. und R. (1994): Die Sinne. Veritas

Trommelen, St.; Beins, H. J. (2022): Überraschend alltäglich! Alltagsmaterialien in der Psychomotorik. verlag modernes lernen

Wedewardt, L.; Hohmann, K. (2021): Kinder achtsam und bedürfnisorientiert begleiten: in Krippe, Kita und Kindertagespflege. Herder

Windels, J. (1998): Eutonie mit Kindern. In: Bobinger, E. (1998): Eutonie – Kinder finden zu sich selbst. S. 64 f. Don Bosco

Bilderbücher

Baumgart, K. (1999): Lauras Stern. Baumhaus

Brun-Cosme, N.; Tallec, O. et al. (2011): Großer Wolf & kleiner Wolf. Gerstenberg

Carle, E. (2009): Die kleine Raupe Nimmersatt. Gerstenberg

Carle, E., Christen, V. (2011): Die kleine Maus sucht einen Freund. Gerstenberg

Dahle, St. (2015): Erdbeerinchen Erdbeerfee. Arena

Grossmann-Hensel, K (2021): Ich hab da so sein Gefühl. Ueberreuter

Karsten, G, (2021): Gleich hab ich dich. Aladin

Lionni, L, (1967): Frederick. Middelhauve

Lionni, L, (1966): Swimmy. Middelhauve

Lobe, M, (1972): Das kleine Ich bin Ich. Verlag Jungbrunnen

Müller, G,(1991): Ich habe einen Teddy. Ravensburger

Sarah, L.; Davies, B. et al. (2015): Beste Freunde. Aladin

Sendak, M.; Schmölders, C. (2013): Wo die wilden Kerle wohnen. Diogenes

Spanner, H.(1981): Ich bin die kleine Katze. Ravensburger

Sternbaum, N. (2021): Schüttel den Apfelbaum. Bassermann

Van Hout, M. (2012): Heute bin ich. Aracari

Vohn, M. (2014): Meine grüne Schüssel. Peter Hammer

Spiele

Colorama, Ravensburger

Duplo und Lego

Gänsemarsch, Haba

Gegensätze, Ravensburger

Kamishibai Erzähltheater, MaLe's Kamishibaiwelt

Obstgärtchen, Haba

Papperlapapp, Haba

Planet der Sinne, Haba

Playmobil

Quak, Haba

Ratz Fatz In Bewegung, Haba

Schlaubär lernt zählen, Haba

Schloss Logikus aus der Serie Smart games, Jumbo

Sprich genau, hör genau, Ravensburger

Vier erste Spiele, Ravensburger

Internetquellen

https://lesen.tibs.at/node/5251

https://www.backwinkel.de/blog/orff-instrumente

https://www.eltern-bildung.at

https://www.elternwissen.com/lerntipps/lernmethoden-und-lerntechniken/art/tipp/ich-kompetenz.html

https://www.familie.de/kleinkind/heute-schon-gelacht-so-wichtig-ist-humor-fuer-kinder/

https://www.kindergartenpaedagogik.de

https://www.swr.de/wissen/1000-antworten/wie-entwickelt-sich-humor-bei-kindern-100.html

https://www.viff-fruehfoerderung.de/ueber-fruehfoerderung/

https://www.soziale-teilhabe-kiju.lwl.org/de/fuer-eltern-und-junge-menschen/fruehfoerderung/

https://www.familienratgeber.de/lebensphasen/geburt-fruehfoerderung/fruehfoederung.php

https://gutezitate.com/zitat/118333 (Fröbel)

https://www.bielefelder-institut.de/fruehkindliche-zweisprachigkeit.html

https://www.donbosco-medien.de/kamishibai/c-22

https://www.kindergesundheit-info.de/infomaterial-service/infomaterial-broschueren/

https://www.letsfamily.ch/de/spiel-mit-mir-spielideen-fuer-eine-gute-bindung

Das Märchen vom Erdbeerpflücken

- *Ein Märchen aus Deutschland (Holstein); erzählt von Marlies Ratering nach Möncke-berg-Kollmar „Märchen aus aller Welt“ und „Mutabor Märchenkalender“.*

Eine arme Mutter mit zwei Kindern arbeitete jeden Tag viel, damit ihre Familie genug zu essen hatte. Waren im Sommer die Erdbeeren reif, gingen ihre beiden Kinder in den Wald, um die Früchte zu pflücken. Später verkauften sie diese im Dorf.
Als wieder die Erdbeeren reif waren, gingen die Geschwister in den Wald. Sie fanden eine schöne Stelle mit vielen Beeren und pflückten ihre Körbchen schnell voll. Dann stellten sie die Erdbeeren unter einen Baum, sprangen herum und vergaßen die Zeit beim Spielen. Als sie nach Hause gehen wollten, waren ihre Körbchen nicht mehr da. Sie suchten überall, konnten sie aber nicht finden. Der Junge schickte seine Schwester heim, er selbst suchte noch weiter.
Als der Abend kam, wurden ihm die Augen schwer. Er legte sich ins Moos und schlief ein. Mitten in der Nacht wachte er auf. Der Mond schien hell und er sah etwas blitzen. Er rieb sich die Augen und sah einen Zwerg, der schleppte in jeder Hand ein Erdbeerkörbchen. Der Junge sprang auf und rief: „Das sind unsere Erdbeeren. Stell sie schnell wieder hin, sonst verhaue ich dich!“ „Hau bitte nicht“, rief der Zwerg, „ich will dir etwas zeigen.“
Sie gingen zu einem Berg. Der Zwerg klopfte gegen die Felswand. Da öffnete sich eine Tür und führte in einen Saal. Dort im Stuhl saß der Zwergenkönig und fragte: „Wo kommst du her, Menschenkind?“ „Ich war beim Erdbeerpflücken und ihr habt unsere Körbchen gestohlen!“ „Ich gebe dir etwas für die feinen Beeren, komm nur mit“, sagte der Zwergenkönig und führte den Jungen in ein Zimmer, da war alles voller Silber und Gold und Edelsteinen. Der Tisch war mit den feinsten Speisen gedeckt, es wurde getrunken, lecker gegessen und getanzt. Es war gerade die Hochzeit der Zwergenprinzessin. Der Junge tanzte mit einem kleinen Zwergenmädchen, das hatte einen Kranz aus Gold und Edelsteinen im Haar. Dann wollte er gerne einmal auf dem Königsstuhl sitzen, aber kaum setzte er sich, fiel er in einen tiefen Schlaf.

Als er aufwachte, lag er im Wald im Moos, die leeren Körbchen daneben. Schnell lief er nach Hause und die Mutter war froh ihn wiederzusehen. „Gut, dass du wieder da bist!", sagte sie. „Ja, aber die Erdbeeren sind fort." Die Schwester schaute ihn lange an und dann rief sie: „Aber Bruder, sag, was hast du für ein Kränzlein auf dem Kopf?"
Er fasst sich ins Haar und da steckte der Kranz des Zwergenmädchens.
„Also habe ich nicht geträumt!" Und der Bruder erzählte von seinem Erlebnis in der Nacht. „Ob das Gold und die Edelsteine wohl echt sind?" Die Mutter ging zum Goldschmied und fragte ihn. Der wunderte sich über diese Pracht und sagte: „Jedes Zweiglein am Kranz ist so wertvoll, dass ich nicht genug Geld habe es zu bezahlen." Die Mutter brach einen kleinen Zweig ab. „Dann gebt uns dafür so viel, wie ihr könnt." Der Goldschmied gab ihr einen ganzen Beutel voll Geld. Und damit ging sie in die Stadt und kaufte Brot und Kuchen, warme Decken, Mäntel und gute Schuhe für sich und die Kinder. Wie freuten sie sich, als die Mutter damit nach Hause kam. Von diesem Tag an mussten sie nie mehr Not leiden. Sie haben vielen armen Leuten geholfen, denn sie wussten ja selbst, wie weh Hunger und Kälte tut.

Lernen lernen – mit Spiel und Spaß

Gisela Wiesner

Heilpädagogische Vorschulförderung in der Praxis

Wahrnehmungsentwicklung und ihre Bedeutung für das vorschulische Lernen

Dieses Vorschulförderprogramm dient der ganzheitlichen, grundlegenden Vorbereitung auf die Anforderungen, die ein Schulalltag an die Kinder stellen wird. Das Programm wurde nach lerntherapeutisch-heilpädagogischen Gesichtspunkten zusammengestellt und ist für die Anwendung durch fachlich ausgebildetes Personal (ErzieherInnen, LehrerInnen, PädagogInnen, TherapeutInnen und andere Fachpersonen) sowie Eltern geeignet.

Ergänzt werden diese Grundlagen durch viele praktische Spielideen zu den einzelnen Wahrnehmungs- und Lernbereichen und durch Anregungen zur Förderung und zum Aufbau der Förderplanung. Verschiedene Checklisten zur Entwicklung des Kindes, sowie Beobachtungsbögen unterstützen Förderung, Förderplanung und interdisziplinäre Zusammenarbeit. Dieses Buch bietet Fachleuten und Eltern wertvolle Hilfen und Anregungen, um Kinder „fit für die Schule" zu machen.

2022, 248 S., farbige Abb., Beigabe: Materialien als Download, Format 16x23cm, Klappenbroschur, Alter: 4–7

ISBN 978-3-8080-0911-6 | Bestell-Nr. 1335 | 21,95 Euro

NEU

Gisela Wiesner

Heilpädagogische Legasthenie- und Dyskalkulie-Förderung

Theorie und Praxis: Kinder adäquat fördern und betreuen

Dieses Förderprogramm bietet die Grundlagen, um Kinder mit Lese-Rechtschreib-Problemen / Legasthenie- oder Rechenproblemen / Dyskalkulie adäquat zu fördern und zu betreuen. Es dient als ganzheitliche, grundlegende Hilfe für die gesamte Schullaufbahn und wurde nach lerntherapeutisch-heilpädagogischen Gesichtspunkten in über 3 Jahrzehnten von der Autorin zusammengestellt sowie in der Anwendung mit ErzieherInnen, LehrerInnen, PädagogInnen, TherapeutInnen, Eltern und Betroffenen erprobt. Die genaue Diagnostik der Problematik und der differenzierte Umgang mit den Betroffenen erfordert solides Hintergrundwissen und ein gutes Einfühlungsvermögen. Darum ist es auch besonders wichtig, genau zu beobachten, ob die Wahrnehmungsentwicklung optimal fortgeschritten ist, weil ein Kind erst dann eine wichtige Grundlage für das schulische Lernen erworben hat. Es gibt immer eine Chance, ein Kind erfolgreich zu fördern. Um dies aber sinnvoll und zielgerichtet zu bewältigen, ist es unerlässlich, die Grundlagen und deren Zusammenhänge bezogen auf das Lesen, Schreiben und Rechnen genau zu kennen.

2023, ca. 320 S., farbige Abb., Beigabe: Materialien als Download, Format 16x23cm, Klappenbroschur, Alter: ab 6

ISBN 978-3-8080-0929-1 | Bestell-Nr. 1341 | 23,95 Euro

Hans Jürgen Beins / Thomas Klee

Bauen ist lustvolles Lernen!

Wie Kinder spielerisch Balance finden

„Das Buch überzeugt durch die Kombination aus benötigten Alltags- bzw. Naturmaterialien, die Anbindung an Spiel- und Experimentierfreude der Kinder sowie das konsequente Verfolgen von Erfahrungsorientierung. Unaufwendig, aber effektiv gestaltete Anregungen ermöglichen den Kindern zeitgleich motorisches, intuitives, kognitives und soziales Lernen. Die vielen Fotos belegen eindrucksvoll, was Kinder miteinander und mit einfachen Gegenständen alles erkunden können. Das gemeinsame Handeln und Ausprobieren an solchen Bewegungsbaustellen hilft ihnen, ihre Welt zu entdecken, zu begreifen – aber auch zu gestalten." Dieter Wrobel, Kindergarten heute

„Es ist eines der besten Bücher, die ich jemals in der Hand hatte! Ich werde es empfehlen." Sozialpädagogin

„Die Autoren machen Lust auf noch mehr BAUEN: im Flur, im Garten, im Bewegungsraum, in der Bauecke. Sie stellen vielfältige Möglichkeiten zum klein- und großräumigen Konstruieren und Balancieren mit Alltagsmaterialien oder Kleingeräten mit aussagekräftigen Fotos vor. Ein Buch für die Praxis von begeisterten Praktikern, bei dem Entdeckerlust und Spielfreude im Vordergrund stehen sowie eine Schatzkiste an spannenden Ideen, damit Bauen mit kleinen und großen Kindern lustvolles Lernen garantiert." Anna Kapfer-Weixlbaumer, Unsere Kinder (A)

2., überarbeitete Aufl. 2020, 160 S., farbige Abb., Format 16x23cm, br, Alter: 2–12

ISBN 978-3-942976-29-9 | Bestell-Nr. 9460 | 16,95 Euro

NEU

Petra Hilbrandt

Humus für die Wurzeln

Gartentherapie mit Kindern

Das Buch will lebensnah und praktisch zeigen, wie man diesen gartentherapeutischen Weg mit Kindern beschreiten kann. Es gibt einen Einblick in das vielfältige und abwechslungsreiche Anwendungsspektrum der Gartentherapie und beschreibt eingängig, was diese Methode in der therapeutischen Arbeit mit Kindern so wertvoll macht. Durch die Vielfalt an natürlichen Materialien mit ihren variablen Anforderungen an Körper, Geist und Seele können sehr individuelle Therapieeinheiten kreiert werden, um unterschiedlichen Bedürfnissen gerecht zu werden. Gerade Kinder, die durch Probleme in den Bereichen Lernen und Verhalten ihr Potenzial nicht ausreichend entfalten können und in dieser belastenden Situation festzustecken scheinen, können sich im gartentherapeutischen Setting neue Handlungsspielräume erobern. Der Hauptteil des Buches widmet sich Anregungen aus der Praxis für die Praxis, die sich in der mehrjährigen Arbeit der Autorin mit Kindern bewährt haben. Die abwechslungsreichen Beispiele schöpfen aus der Fülle des gartentherapeutischen Repertoires und laden TherapeutInnen, PädagogInnen und ErzieherInnen ein, den eigenen beruflichen Kontext mit Elementen aus der Gartentherapie zu bereichern.

2023, 192 S., farbige Abb., Format 16x23cm, Klappenbroschur, Alter: 5–13

ISBN 978-3-8080-0928-4 | Bestell-Nr. 1339 | 21,95 Euro

vml verlag modernes lernen

Schleefstraße 14, D-44287 Dortmund
Telefon 02 31 12 80 08, Fax 02 31 12 56 40
E-Mail: info@verlag-modernes-lernen.de
Leseproben und Bestellen im Internet: www.verlag-modernes-lernen.de